Hermann V. (DE-601)138934819 (DE-588)116892374 Hilprecht

Assyriaca

Eine Nachlese auf dem Gebiete der Assyriologie

Hermann V. (DE-601)138934819 (DE-588)116892374 Hilprecht

Assyriaca
Eine Nachlese auf dem Gebiete der Assyriologie

ISBN/EAN: 9783741136221

Manufactured in Europe, USA, Canada, Australia, Japa

Cover: Foto ©Thomas Meinert / pixelio.de

Manufactured and distributed by brebook publishing software
(www.brebook.com)

Hermann V. (DE-601)138934819 (DE-588)116892374 Hilprecht

Assyriaca

Publications of the University of Pennsylvania

Series in

Philology Literature and Archæology

Vol. III   No. 1

ASSYRIACA

Eine Nachlese auf dem Gebiete der Assyriologie

von

DR. H. V. HILPRECHT

Professor der Assyriologie und Vergleichenden
Semitischen Philologie

I. TEIL

Mit drei Tafeln

1894

GINN & COMPANY

Agents for United States, Canada and England
7-13 Tremont Place, Boston, U.S.A.

MAX NIEMEYER

Agent for the Continent of Europe
Halle, a. S., Germany

HERRN PROF. DR. FRIEDRICH DELITZSCH,

MEINEM VEREHRTEN LEHRER UND FREUNDE, IN DESSEN SCHULE ICH DIE

GEHEIMNISSE DER KEILSCHRIFT ENTRÄTSELN LERNTE,

UND

HERRN PROF. DR. A. H. SAYCE,

DEM VERDIENSTVOLLEN PIONIER AUF DEM VIELVERSCHLUNGENEN PFADE DER

VORDERASIATISCHEN ALTERTUMSWISSENSCHAFT, AUS DESSEN

SCHRIFTEN ICH DIE ERSTE ANREGUNG FÜR DAS

STUDIUM DES ORIENTS GESCHÖPFT,

IN DANKBARER GESINNUNG
AUS DEM "WESTLANDE" ALS GRUSS ENTBOTEN.

VORWORT.

———

Die vorliegende Schrift, deren ersten Teil ich hiermit der
Öffentlichkeit übergebe, behandelt eine Reihe von Fragen aus
dem Gebiete der Assyriologie, deren Beantwortung meistens
schon von anderen Assyriologen versucht wurde. Ich bezeichne diese Arbeit darum sachgemäss als eine Nachlese.
Insofern ich darin meinen eigenen Standpunkt zum Ausdruck
bringe und zu begründen bestrebt bin, tritt die Schrift der
Natur der Sache nach vielfach in Widerspruch zu den abweichenden Ansichten meiner Fachgenossen. Doch bin ich weit
davon entfernt, zu glauben, dass ich selbst nunmehr alle die
behandelten oder gestreiften Fragen endgültig beantwortet
habe. Nur der Hoffnung gebe ich mich hin, dass die an ihre
Beantwortung gewandte Mühe nach ihrem Teil dazu beitragen
werde, dieselben ihrer schliesslichen Lösung näher zu bringen.
Gerade weil ich aber so vielfach wider meinen Willen den
Critiker spielen musste, um nicht durch schweigendes Übergehen abweichender Ansichten zu verletzen, habe ich nicht
nur selbstverständlich alle jene unparlamentarischen Ausdrücke,
denen man leider auf Schritt und Tritt in den heutigen
assyriologischen — und seit kurzem gelegentlich auch arabisti-
schen — Schriften begegnet, als ungehörig vermieden, sondern
bin nach besten Kräften bestrebt gewesen, meines Gegners

Standpunkt zu verstehen und demselben in allen Stücken gerecht zu werden. Sollte ich gleichwohl in dieser Beziehung gelegentlich gefehlt haben, so wolle man von vornherein davon überzeugt sein, dass es mir wenigstens an dem guten Willen dazu nicht gefehlt hat.

H. V. HILPRECHT.

UNIVERSITY OF PENNSYLVANIA,
4. April 1894.

INHALT.

HILPRECHT, Assyriaca.

Vorderseite.

Rückseite.

I.

Die Urkunde aus der Zeit des Königs Bélnâdinapli und Herrn Professor Oppert's Textemendationen.

Aus der mir soeben zugegangenen, jüngsten Nummer der *Zeitschrift für Assyriologie*, VIII, 3. und 4. Heft (pp. 360–374), ersehe ich mit besonderer Befriedigung, dass der um das Verständniss der sogenannten *Kudurru*-Inschriften so verdiente französische Gelehrte Oppert auch dem von mir in meinen *"Old Babylonian Inscriptions"* (citiert als *O. B. I.*), pl. 30 und 31, veröffentlichten Texte eine eingehende Behandlung gewidmet hat, nachdem er sich bereits in der Sitzung der *Académie des Inscriptions et Belles-Lettres* vom 29. September 1893[1] über die Wichtigkeit dieser datierten Urkunde geäussert hatte. Wie nicht anders zu erwarten war, enthält auch dieser Beitrag des bewährten Forschers eine Reihe sehr wertvoller und scharfsinniger Beobachtungen und gesicherter Resultate. Auf der andern Seite ist nicht zu verwundern, dass Oppert, welcher zum ersten Male eine wörtliche Uebersetzung davon der Oeffentlichkeit übergiebt,[2] manches weniger scharf gefasst,

[1] Cf. *Journal officiel de la République Française*, 5 Octobre 1893 (No. 270) p. 5022. Jetzt ist die Abhandlung auch als "extrait des Comptes rendus" (mir durch Herrn Professor Oppert's Güte noch kurz vor Abschluss meines Manuscriptes zugegangen) erschienen unter dem Titel *Le champ sacré de la déesse Nina*. Ich citiere diese erstere Bearbeitung Opperts der Kürze halber im folgenden als *Comptes rendus*.

[2] Ich hatte eine Bearbeitung des Textes für die Einleitung meiner *O. B. I.* part 1, fertig gestellt, sah mich aber genötigt, dieselbe, wie so manches andere, im letzten Augenblicke zurückzulegen, um nicht ausser den Opfern an Zeit und Gesundheit, die ich gern brachte, auch noch zu grosse pecuniäre Lasten zu übernehmen. Da keine Typen der transscribierten semitischen Consonanten vorhan-

mehrere Stellen völlig missverstanden und einiges unübersetzt
gelassen hat. Daraus mache ich dem verehrten Grossmeister
der Assyriologie selbstverständlich keinen Vorwurf, wissen wir
doch alle, wie oft ein jeder von uns selbst auf dem faszinieren-
den Gebiete der jungen Wissenschaft geirrt hat; und wenn
dem einen weniger Versehen als dem anderen untergelaufen
sind, so liegt es oft nur daran, dass der eine weniger geschrieben hat als der andere, oder bereits auf den Arbeiten des
andern fusste. Dagegen aber möchte ich mich hier auf das
entschiedenste verwahren,[1] dass der französische Gelehrte,
wenn immer er aus dem keilschriftlichen Texte, so wie er auf
dem Original und dementsprechend in meiner Copie steht,

den, und die Setzer für die erforderliche Arbeit nicht geschult waren, wurden oft
meinerseits vier Correcturen nötig. Daraus hinwiederum erwuchs den Setzern in
Verbindung mit dem ersten Teile neue Arbeit und der Druckerei nicht unbedeu-
tende Kosten, welche die Philosophische Gesellschaft Amerikas in überalster
Weise trug. Gleichwohl würde ich ausser Stande gewesen sein, den Fachgenossen
das Buch, so wie es ist, vorzulegen, hätte ich nicht persönlich dazu 1200 Mark
hergegeben. Aus dem Gesagten wolle man in nachsichtiger Beurteilung die
Gründe ziehen, welche mich bewogen, an vielen Stellen mich vielleicht zu praeg-
nant auszudrücken, oder Fragen, die eine eingehende Behandlung verdient hätten,
nur zu streifen, die letztere mir für andere Gelegenheiten vorbehaltend. Lehmann
findet in *B. A.* II, 597 meine Angabe *O. B. I.* p. 27, note 5 incorrect. Es wird
nun wohl begreiflich finden, warum ich dort so wenig Worte verloren habe.
Dachte ich doch überdies nicht, dass jemand den praegnanten Ausdruck missverstehen konnte, da ich das Citat aus Brünnow, wo *bûru* eben nur als *Idiogramm*
steht, ausdrücklich beisetzte, um nicht falsch interpretiert zu werden. Ich konnte
natürlich keinen stat. absol. gebrauchen und liess darum das letzte *u* fort. Ich
hielt — wie auch Lehmann, *l. c.*, jetzt noch — die Länge des ersten *u* für fraglich,
und liess darum auch die Längenbezeichnung desselben fort. Aber dies alles
hätte sich doch Lehmann selbst sagen können, wenn er meinen Hinweis auf
Brünnow beachtet und das Citat nachgeschlagen hätte.

[1] Wie ich auch schon in derselben Nummer von *Z. A.* (*VIII*, p. 387) Lyon's
sehr ansprechende Conjectur habe ablehnen müssen. Ich möchte hier noch nach-
träglich dazu bemerken, dass es mir immer wahrscheinlicher wird, dass das von
mir auf pl. 1 gegebene, zusammengesetzte Zeichen, wirklich den Lautwert *"ba"* hat,
wie ich dort als einzige Möglichkeit zur Haltung der Lesart *ba-u-la-ti* proponierte.
Oppert's Lesung und Interpretation *ris baûlati* in *Revue d'Assyriologie* III ist nur
als eine geistreiche Spielerei aufzufassen. Denn bekanntlich findet sich unser
Zeichen auch auf den Tello Inschriften.

nichts zu machen versteht, sei es, dass er ein Zeichen nicht
richtig identificiert hat (Rev. 2, letztes Zeichen), sei es, dass
er dasselbe mit einem falschen Lautwert an der betreffenden
Stelle liest (Rev. 9, drittes Zeichen), oder gar gutes Assyrisch
als "keinen Sinn gebend" erklärt (Obv. 19, Commentar) —
sein Verdict einfach dahin formuliert : "*mal copié*." Das ist
freilich ein sehr radicaler Weg, sich aus Schwierigkeiten her-
auszuziehen, wenn man dieselben allemal dem Herausgeber
des Textes zur Last legt und damit denselben öffentlich zum
Sündenbock für die eigenen Versehen macht. Wenn meine
Textausgabe in Wirklichkeit Herrn Professor Oppert's so liebenswürdig gespendetes Lob (p. 360) [1] verdienen soll, so dürfen
schlechterdings nicht in einem einzigen Texte, an noch dazu
gar nicht oder nur wenig schraffierten Stellen, mehrere der
hervorgehobenen Ungenauigkeiten vorkommen. Kommen sie
aber gleichwohl vor, so muss ich selbst im Interesse einer ob-
jectiven, wenn auch für mich weniger schmeichelhaften Beurteilung des Buches Herrn Professor Oppert bitten, auf Grund
seiner gemachten Funde die gespendete Anerkennung, die ich
von einem der hervorragendsten Begründer der Assyriologie
doppelt zu schätzen weiss, zurückzuziehen. Sollte es sich
indessen im Folgenden herausstellen, dass der Text an den
fraglichen Stellen gerade so wie er dasteht, richtig, dagegen
Herrn Professor Oppert's Uebersetzung und Interpretation
desselben irrig sind, so kann sein allzu schnelles Urteil, da es
die Accuratesse des Herausgebers jenes Textes an den betreffenden Stellen in Frage zieht, nur wehe thun. Indem wir uns
nun zu dem Texte selbst wenden, beleuchten wir die Haupt-
stelle zuerst, col. II, 8-10.   Oppert transscribiert l. 8 *likta
uma'irsunutiva* [2] l.9 *litti* (?) *maššê itanê isaluva* l.10 *ikla suatu*

___
[1] "Il (der von Oppert behandelte Text) a été copié comme toutes les autres Inscriptions du volume avec une grande habileté et une précision remarquables."
Cf. auch *Comptes rendus*, p. 6, Anmerkung 1.
[2] Das in Z. A. stehende *s* ist ein Druckfehler für *ʾ*, wie *Comptes rendus* auch
richtig bieten.

ana ṭēmišu utirru und übersetzt "legis observationem imposuit,
ut purificationem a peccatis rogarent et agrum illum in jus
suum restituerent." Dazu bemerkt er (p. 373), nachdem er
für den "sens de likta" auf die Behistun-Inschrift verwiesen
hat : "La ligne [9] ne me semble pas être bien copiée : *litti*
n'est guère possible (comparez K. II, 19 s. f.) ; probablement
sa timašše itani isaluva » qu'ils demandassent la purification de
leurs péchés «. *mašu* veut dire » laver «, et *itani* est une forme
de l'iphthaneal de עשה [1], ou de l'iphteal de אגה avec le sens de
» vexation «."

Dem gegenüber habe ich zur Lesung des Textes zu bemerken : a) *lik* in l. 8 ist *ur* zu lesen. Denn cf. v *R.* 20, 21 a. b
und vor allem Delitzsch, *A. W.* p. 363. b) L. 9 steht genau
so auf dem Original wie ich sie gegeben habe, und Oppert's
"Verbesserung" des Textes ist demgemäss als eine *Verböse-
rung* desselben zu bezeichnen. c) Das von ihm *maš* gelesene
Zeichen hat hier den Lautwert *par*. d) Für *ana ṭēmišu utirru*
siehe weiter unten. Ich transscribiere und übersetze die fraglichen Zeilen folgendermassen : l. 8 *ur-ta ú-ma-'i-ir-šú-nu-ti-ma*
l. 9 *lit-ti pár-si-e i-ta-ni-e i-šá-lu-ma* l. 10 *eklu šú-a-tum a-na
píl-[ki-]šú ú-tir-ru* = "Er (der König) sandte ihnen (den beiden
Statthaltern) den Erlass, dass er Annullierung der in
Kraft getretenen Entscheidungen [2] verlange, worauf (wörtlich
"und") sie jenes Stück Land an seinen [3] Bezirk (Parcelle)

[1] In *Z. A.* ist ? natürlich ebenso ein Druckfehler wie in *Comptes rendus* ה
statt ה.
[2] Wörtlich "Annullierung der Kraft der Entscheidungen" (welche nämlich der
Praefect von Bit-Sinmâgir eigenmächtig getroffen hatte, als er ein Stück Land,
das dem Tempel der Ninâ (?) im Seelande gehörte, saecularisierte. *Litti* = *lîti* =
"Macht, Kraft," von *lîû*, "stark sein." Cf. darüber schon Lotz, *Tiglathpilesar*,
p. 110, und für das Stellenmaterial besonders Norris, *Assyrian Dictionary*,
p. 702 ff., und Strassmaier, *A. V.* 4836.
[3] *Eklu* ist bekanntlich *generis communis*. Cf. Delitzsch, *A. G.* § 71, Ende. Für
den Gebrauch als fem. cf. besonders III *R.* 41, col. II, 21 *eklî li-na-ti a-na pišdti-
li-na ú-tar-ru* = "(wer) jene Felder an ihre Statthalterschaft (i.e., in der sie liegen)
bringt." in anderen Worten, sie "saecularisiert."

zurückgaben." Zur Begründung meiner Übersetzung habe ich
wenig hinzuzufügen.

Zu *parsi* = "Entscheidungen," cf. Strassmaier, *A. V.* 6991;
freilich anders (*si*) Harper, *Assyr. and Babyl. Letters*, part 1,
no. 65, Reverse, l. 10. Im letzteren Falle könnte *si* für *si*
stehen. Doch halte ich diese Annahme für unnötig.

Die ganze neunte Zeile enthält den Inhalt des königlichen
Erlasses oder Bescheides und ist daher als sogenannter
Objectssatz[1] zu dem in der vorhergehenden Zeile inhaltlich
stehenden "er ordnete an, er instruierte sie" zu betrachten.
Wir übersetzen demgemäss "dass er verlange." Solche
Objectssätze werden meistens durch *la* eingeführt. Die Con-
junction kann jedoch wegfallen, da das überhängende *u* der
Verbalform (was also nicht in diesem Falle, wie Oppert glaubt,
die dritte Person plur. = *û* anzeigt) schon genügend das
Abhängigkeitsverhältniss dieses Satzes von dem vorhergehenden Verbum andeutet.[2] Das Object zu *i-id-lu* bildet *litti
parsi itani* "das Rückgängigmachen der Kraft der Entscheidungen." *Itani* ist Infinitiv I, von *enû* (נוץ, über dasselbe
cf. weiter unten, Aufsatz II). Das zu dem Infinitiv gehörige
Object steht nach Delitzsch, *A. G.* § 132, regelrecht voran.[3]

---

[1] Tallquist, *Die Sprache der Contracte N'ab.* p. 14. (Conjunctionen.)
[2] Cf. Delitzsch, *A. G.* § 148, 2 und 3.
[3] Mit Berücksichtigung dieses Gesetzes erklärt sich leicht die Stelle V *K.* 1,
75 f *ana nararûti kamû la jurrâni .... urrujû ardîma* "Um zu Hülfe zu
eilen den Königen .... brach ich eilends auf." Jensen's Fragezeichen und Bemerkungen in Schrader's *K. B.* I, p. 160 zeigen, dass er den wahren Sachverhalt
ebenso wenig erkannt hat, als Praetorius vor fast zwanzig Jahren in seiner
Abhandlung *Über einige assyrische Wörter* in *Z. D. M. G.* XXVIII, p. 89, wo er
übersetzte "zum schleunigen Beistand der Könige (eigentlich "zum Beistand der
Schnelligkeit der Könige")." Wir haben vielmehr zu erklären: *kamûtu* bedeutet
"eilen" und nimmt wie andere Verba der Bewegung "zur Bezeichnung der Rich-
tung, des Zieles" und des Zweckes, welcher eben das Ziel ist, häufig den blossen
Accusativ zu sich. Cf. Delitzsch, *A. G.* § 138 (Mitte). Weil aber das Verbum
im Infinitiv steht, wird sein Object *nararûti* vorausgestellt, das seinerseits nun
mit dem Verbum zusammen gleichsam wie ein zusammengesetztes Hauptwort
(Delitzsch, *A. G.* § 73, b) behandelt wird. Demgemäss steht die Praeposition

Auch das Verhältniss von l. 10 zum Vorhergehenden hat
Oppert, wenigstens in seiner wörtlichen latein. Übersetzung,
missverstanden, da er *utirrû* mit "(et) restituerent" übersetzt.
Das müsste nach den Regeln der assyrischen Grammatik [1]
u-tar-ru = utârû (Praesens!) lauten, parallel mit *išâlû*. Es
bleibt daher nichts anderes übrig, als *utirrû = utîrû* mit dem
Verbum in l. 8 zu verknüpfen, d. h. und (worauf) sie thaten
wie ihnen befohlen war, nämlich sie restituierten das Feld der
Parcelle, wie Oppert auch in seinen beiden französischen
Ubersetzungen richtig den Zusammenhang wiedergegeben
hat.

Das in der Mitte von l. 10 stehende Zeichen lese ich mit
dem Lautwerte *pil* (Obv. l. 5) und ergänze dazu *ki*, eine
Lesung, die mir während meiner Interpretation dieses Textes
im Colleg mein Schüler Rev. Th. H. P. Sailer vorschlug, und
welche ich nach erneuter Untersuchung des Originals auf
Grund der erhaltenen Spuren als die allein richtige erklären

ana getrennt vom Verbum (zu dem sie genau genommen gehört) und tritt scheinbar vor das Object. Cf. IV *R* [1]. 21, 29b. Da *nararâti šamâš* "das Zuhülfeeilen,"
aber im Grunde genommen identisch ist mit *nararâti* "Hülfe," lässt die Variante
zu der Stelle *šamâš* aus. Cf. auch *Freibrief Nebukadnezar's* I, col. II, 9 und 10,
eine Stelle, welche in meiner ersten Bearbeitung jenes Documentes nur zum Teil
übersetzt wurde. Peiser, in Schrader's *K. B.* III, 1. Hälfte, p. 169, rüth etwas
zusammen. Denn eine Übersetzung darf man doch wohl seine Wiedergabe der
fraglichen Stelle nicht nennen : "Und die Soldaten, etc., stellte er ausserhalb des
Commandos des Statthalters von Namar." Die Stelle lautet in Transcription
und Übersetzung also : *à pûbî âliš âldni lu'dtum* (wie l. 11 stehend für *lu'atunu*,
weil anklingend an die Pluralendung *âti(u)* ; ebenso *Sargonstein*, col. l, 36 ; col.
II, 2, cf. Peiser, *Keilschrift. Actenstücke) ana a[-ri ša-ma-aṭ la šakin (mâtu) Namar
ukînšunûti* "dagegen die Krieger, welche in jenen Städten liegen, — sie bestimmte
er zum Schutze des Statthalters von Namar." *Ana afri šamâš* bedeutet wörtlich
"um zum Schutze zu eilen," in anderen Worten *afri* (trotz *ṣ* mit *s*, cf. *abdu* von
עבד "Knecht") ist gemäss der eben citierten Stelle aus *Aurbanapal*, Synonym
von *nararâti*, ist also abzuleiten von der bekannten Wurzel עזר, über welche
cf. Delitzsch, *A. W.* p. 325 f. Die Form *ṭaṭ* bildet hier ein Abstractum wie in
nablu, ṭablu; und wie im Hebräischen, Aethiopischen und Amharischen ganz
gewöhnlich. Cf. Barth, *Nominalbildung*, § 19.

[1] Delitzsch, *A. G.* § 134.

muss. Die Umrisse von *ki* und ein innerer Keil sind noch
schwach zu erkennen. Ergänzt man gleichwohl mit Oppert das
Zeichen *me*, so kann *ana ((me-šú utirrú* kaum bedeuten "*in
jus suum restituere*," wie Oppert übersetzt [= "à ses propres
lois" (*C. r.*) oder "à ses lois premières" (*A. Z.*)], sondern,
indem sich *šú* auf den Priester bezieht, "und sie gaben es
zurück seinem Befehle," *i.e.* "seiner Oberhoheit, seiner
Jurisdiction."

Oppert's zwei andere vorgeschlagene Textemendationen
kann ich schneller abmachen. Die eine bezieht sich auf den
Schluss von Rev. 2, wo Oppert *ut-tak-ra-a* liest und im Commentar dazu bemerkt, "Le verbe est mal copié : il y a *uttakrà*
et non pas *uttaksà*" (*Z. A.* p. 373, cf. *Comptes rendus*, p. 22).
Ja, frage ich, wer in aller Welt liest denn ausser Oppert hier
uttaksà? Meine Textausgabe bietet das gewiss nicht. Hätte
Oppert das auch auf dem Originale zur Hälfte verloren gegan-
gene Zeichen ebenso sorgfältig studiert, als ich bemüht gewesen
bin, die davon erhaltenen Spuren in *O. B. I.* zur Darstellung zu
bringen, so hätte ihm die richtige Erklärung einfallen müssen.
Er wäre überdies vor einem grammatikalischen Schnitzer
bewahrt geblieben, indem er nicht alles Ernstes eine Form
uttakrà (mit langem ā !) für eine 3. pers. sing. masc. mit über-
hängendem a-Vocal ausgegeben hätte.[1] Natürlich is das letzte
Zeichen nicht in zwei zu zerlegen, sondern ist *kar*, d. h. genau
dasselbe Zeichen, welchem wir im Namen des *E-kar-ra-ikiša*
(Obv. 10 ; Rev. 3, 6) begegnen. Indessen ist Oppert auch
noch manches andere in der mit Obv. 20 beginnenden Rede

---

[1] Denn diese Auffassung ist nach Oppert's Ergänzung von *manama* als Subject (Rand) die einzig mögliche. In *ussaķ̌ú* ist natürlich der Endvocal lang, weil
entstanden aus (*ussaķ̌oj* = *ussaķ̌[i]* =) *ussaķi + a.* Aber man kann doch
schlechterdings eine ursprünglich consonantisch auslautende Verbalform (*uttakar*),
an welche der überhängende Vocal *ă, i, ŭ* (der stets kurz ist) antritt, nicht mit
langem Endvocal bilden, selbst in Pausa nicht ! Sogar wenn *ma* — was hier fehlt
—antritt, ist die dadurch gelegentlich bedingte vorherige Dehnung des letzten,
ursprünglich kurzen Vocals der Verbalform nach Delitzsch, *A. G.* § 53, d mit
Recht anders zu erklären.

des Priesters (so vor allem die Bedeutung des *ša*, Obv. 22)
entgangen.   Siehe darüber weiter unten !
Die dritte sogenannte Text-Verbesserung Opperts betrifft
das zweite Zeichen in Obv. 19, welches *ḫi* lautet, das er aber
in *qam* umwandelt, indem er sich in das Altbabylonische Zeichen, wie es steht, das von den Assyrischen Gelehrten *baṭṭu*
benannte Zeichen hineindenkt.[1] Aber wozu?   Oppert giebt
uns die Antwort *Z. A.* p. 372 und *Comptes rendus*, p. 21 :
"La lettre *ḫi* semble être mal rendue" (*C. r.*). "Il faut lire
itqamma au lieu de *itḫima* qui ne donne pas de sens."   Also
itḫi giebt keinen Sinn.   Das bestreite ich nicht, aber wer
nötigt uns denn, das erste Zeichen gerade mit zu ן lesen, es
kann doch ebenso gut mit ק oder ט wiedergegeben werden.
In unserer Stelle ist es selbstverständlich mit ט anzusetzen,
also *iṭ-ḫi* zu transscribieren = "er nahte sich" (dem Könige).
Das Verbum ist aus einer so grossen Anzahl von Stellen
bekannt (cf. IV *R.* 2, 25 b ; *lâ te-ṭi-iḫ-ḫi*, entstanden aus *ṭiṭḫi*,
"nähere dich nicht," cf. auch *Sb.* 312 und *K.* 2486, Obv.), dass
es mir hier genügen muss, auf Delitzsch, *A. G.* §§ 108-110 und
§ 81, b (gegen Ende), zu verweisen.
Damit könnte ich diesen Text heute verlassen, indem, wie
ich in der Einleitung zu *O. B. I.* angekündigt habe, die Übersetzung der daselbst veröffentlichten Inschriften, sowie aller
andern noch zu veröffentlichenden, in einer besonderen Serie
erscheinen wird.   Da es indessen nach genauer Erwägung für
ratsamer befunden wurde, die Übersetzungen sämmtlicher Texte
des ersten Bandes (part 1, ff.), nach Königen chronologisch
gruppiert, auf einmal dem Druck zu übergeben, wodurch das
Erscheinen des ersten Heftes von Serie II notgedrungen verzögert wird, und da die Wichtigkeit des Textes eine eingehende
Bearbeitung zur Notwendigkeit macht, gebe ich auf den folgenden Seiten schon jetzt meine Uebersetzung der vorliegenden
Inschrift.   In den ausführlichen Fussnoten wird auf Oppert's

---

[1] Cf. Amiaud et Méchineau, *Tableau comparé*, no. 192.

Transscription, wo immer ich von demselben — und das ist oft genug der Fall — differiere, Rücksicht genommen. Andere erklärende Noten zur Rechtfertigung meiner abweichenden Übersetzungen und Auffassungen sind am Schluss der Transscription und Übersetzung zu finden.

Umschrift.

Obv.   . . . . ¹[*Wˤ-zéru ina*]² *KAR-AŠ* 1 *Ú rabî-tum* ¹
[*ugâr* ᵃˡᵘ⁴*Di-*⁵] *e-ri kišâd Idiḳlat*⁶
[*GÚL*⁷*-KI-Š*]*ÁR*⁸ *šar* ᵐᵃᵗᵘ*Tâmdi*
[*a-na*] ᵃˡᵘ*Ninû*(?)*be-el-ti-šú*
5   [*ki-i*]⁹ *píl*¹⁰*-ki ip-lu-uk-ma*
[*ultí*]*u GÚL-KI-ŠÁR šar* ᵐᵃᵗᵘ*Tâmdi*
adi ⁱˡᵘ*Nabû-kudur-ri-uṣur šar Babili*ᵏⁱ
*DCXCVI*¹¹ *šanâti ku-um-ma*
i-na šatti 4 ᵏᵃⁿ ⁱˡᵘ*Bêl-nâdin-apli šarri*
10   ⁿ*E-kar-ra-iḳíša*(*ša*)¹² *apil* ⁼ⁱˡᵘ*E-a-iddina*(*na*)¹³
ša-kin Bîl- ⁼ⁱˡᵘ*Sin-ma-gir*
*bît*¹⁴ *ekli šd*¹⁵ *Bît-* ⁼ⁱˡᵘ*Sin-ma-gir*
šd ᵐᵃᵗᵘ*Tâmdi iš*¹⁶*-ši-ina*

¹ Ein Vergleich unserer Stelle mit dem Anfange ähnlicher Inschriften, wie 1 *R.* 70, III *R.* 41 und 43, etc. lehrt, dass hier eine Zahl gestanden haben muss.

² Ergänzt gemäss 1 *R.* 70, III *R.* 41, *B. A.* II, p. 171 und ähnlichen Stellen. Zur Fassung von *H'u* als blosses Determinativ cf. Belser in *B. A.* II, p. 130.

³ Oppert's *tiv* in *Z. A.* ist wohl nur Versehen, da er in *Comptes rendus* richtig *tnv* bietet.

⁴ Die ersten beiden Wörter ergänzt gemäss 1 *R.* 70, III *R.* 43, *B. A.* II, pp. 165, 171.

⁵ Ergänzt aus Wahrscheinlichkeitsgründen, da *Dêr*(*i*) ein nicht seltener babylonisch-assyrischer Stadtname gewesen zu sein scheint. Eine Stadt dieses Namens wird z. B. in den assyrischen Eponymenlisten unter Salmanassar II, Samši-Rammân II, Rammân-nirâri III öfters erwähnt, und Nebukadrezar I bricht von einer Stadt Dêr, "der Stadt des Anu" (*Freibrief*, col. I, 14), auf, "um Akkad zu rächen." Letztere ist vielleicht identisch mit dem Trümmerhügel Dêr unweit von Abu Habba am Nordufer des halbtrockenen Canals Jusufieh, den ich 1889 besuchte. Das Dêr unserer Inschrift ist, wie die folgenden Zeilen lehren, im Süden Babyloniens am Tigris zu suchen. Auch Jensen (*Z. A.* VIII, p. 221) und Oppert ergänzen den Stadtnamen zu *Dêri*.

⁶ Ungenau ohne vorausgehendes Determinativ *nâru* geschrieben, worauf bereits Oppert aufmerksam machte.

⁷ Oppert ergänzt *la* vor den Königsnamen. Aber der vorhandene Raum (cf. dazu den Namen in l. 6) reicht dafür nicht aus. Diese Ergänzung ist auch unnötig. Da das Verbum in l. 5 nicht durch den überhängenden Vocal als im

Übersetzung.

Obv. .... Kulturland grosser Quadrat-Ú
auf der Flur der Stadt Dêr, am Ufer des Tigris,
hatte GUL-KI-SHAR, König des Meerlandes,
für Ninâ (?), seine Herrin,
5   als Parcelle abgeteilt, und
von GUL-KI-SHAR, König des Meerlandes,
bis zu Nebukadrezar, König von Babylon,
waren 696 Jahre verflossen, aber
im vierten Jahre des Königs Bêl-nâdin-apli
10   nahm Ekarra-ikisha, Sohn des Ea-iddina,
Statthalter von Bît-Sinmâgir,
den Grenzstein der Felder von Bît-Sinmâgir
im Meerlande hinweg,

Relativverhältnisse stehend characterisiert ist, bleibt es das nächstliegende, unter
Vergleich von I *R*. 70, col. I, 13, mit L 3 einen neuen Satz zu beginnen.

⁸ Der Name ist ohne vorausgehendes männliches Determinativ ergänzt im
Hinblick auf L 6 und auf die Schreibung der beiden anderen Königsnamen des
Textes. U. 7 und 9. Man darf mit ziemlicher Sicherheit annehmen, dass die
sogenannte zweite Babylonische Dynastie nicht semitisch war, demgemäss auch
der obige Königsname Gulkishar phonetisch zu lesen ist. In's Assyrische übersetzt lautet er *Afuabbit-killati* (v *R*. 44, col. 1, 152, b, cf. Pinches in *P. B. S. A.*
1881, p. 37, 8; Jensen in *Z. A.* VIII, p. 234; cf. Oppert, *ibidem*, p. 370). So
lange jedoch nicht der definitive Beweis für nichtsemitischen Ursprung geliefert
werden kann, transscribiere ich aus Vorsicht wie oben angegeben.

⁹ Mit Jensen in *Z. A.* VIII, p. 221, Anmerk. 2. Oppert ergänzt *ana*.

¹⁰ Oppert: *bil* und dem entsprechend *ib*.

¹¹ Geschrieben 1 *nir* (= 600) + 1 *Julju* (= 60) + 36.

¹² Oppert *bala*, resp. *ba'il*. Aber das phonetische Complement *la* verlangt
obige Transscription.

¹³ Oppert, der das phonetische Complement unberücksichtigt lässt, transscribiert *nadin*.

¹⁴ Oppert hat das Zeichen im Texte nicht erkannt oder mit demselben nichts
anzufangen gewusst. Cf. Brünnow, *A classified list*, no. 3511.

¹⁵ Von Oppert ausgelassen.

¹⁶ Oppert unrichtig *la*, überhaupt ist ihm der wahre Zusammenhang und Sinn
dieser und der folgenden Zelle völlig entgangen.

[ni-š]i-er[1] iš=etri ig-zu-uš[2]-ma

15   *a-na piḫāti[3] ú-te-ir ᴵᴸᵘNabû-šum-iddina(na)*
     šangû[4] ᴵᴸᵘGUR[5] ū ᴵᴸᵘNinâ (?)
     i-na iḳ-ri-bi ū ZI-ŠAG-GAL-li[6]
     ma-ḫar šarri bēli-šú ᵐBēl-nâdin-apli
     iš-ḳi[7]-ma ki-a-am iḳ-bi-šú

70   *e be-lí[8] rubû na-a-du šakkanak[9]-ni šú*

[1] Oppert ergänzt *miemo* (*NIN*), aber nach Zusammenhang wie nach den
erhaltenen Spuren schlechterdings unmöglich. Meine obige Ergänzung berücksichtigt in erster Linie die erhaltenen Keilschriftreste. Von *ši* vermag ich jetzt
auf dem Originale auch noch den Kopf des senkrechten Keiles zu erkennen.
Überdies findet sich die Wurzel *našâru* gerade in den Parallelstellen anderer
Grenzsteine. Denn unsere Stelle steht doch offenbar mit der bekannten Redensart
(z. B., 1 R. 70, col. II, 15, 16; III R. 43, col. III, 21, 22; III R. 41, col. II, 6) *la
nišîrta kippata ilakanu* resp. *la nušurrâ ilakanûma ana piḫāti imanû* (v R. 61,
col. VI, 39, 40) im inneren Zusammenhange. Und schliesslich ist, was Tallqulst,
Die Sprache der Contracte Nabûnâ'id, p. 108, entgangen ist, ein Wort *nišru* in
der Bedeutung "Teilung, Teil" auch aus den Contracttafeln bekannt. Speciell
bezeichnet es dort den bei Geschäftsauflösungen den einzelnen Teilhabern zu-
fallenden "Anteil" (*Nabonidus* 276) am Capital. Cf. noch Delitzsch, *A. L.*[3]
p. 91, 16-18, a, b, und Belser, *B. A.* II, p. 138, f.

[3] Oppert *ikuzu*. Auch ich vergleiche mit ihm das *kippati* der Grenzsteine,
dessen Wurzel mit Belser, *B. A.* II, p. 139 als יצב anzusetzend. Trotzdem halte
ich es für richtiger, oben das erste Zeichen nicht als *iš*, sondern *ig* zu lesen wegen
des *su* der zweiten Silbe. Denn nachdem einmal die ungenaue babylonische Aussprache im gewöhnlichen Leben an Stelle des emphatischen *q* ein tönendes *z*
gesetzt hatte, konnte sich unmöglich bei der ohnehin schon vorherrschenden
Neigung das ק als צ zu sprechen, das emphatische *q* an erster Stelle halten.

[3] So auch Oppert und Jensen. Doch fragt letzterer "oder lies *ana limti ušîr?*"
(*Z. A.* VIII, p. 221, note 4). Über die Unmöglichkeit dieser Lesung cf. unten
meine ausführlichen Erörterungen im Commentar.

[4] Diese schon von Strassmaier und Pinches angesetzte Lesung des Ideogramms *E-MAŠ* ist im Hinblick auf v R. 60, col. I, 22, verglichen mit col. II, 16
so gut wie sicher. Cf. Jeremias, *B. A.* I, p. 279. Jedenfalls kann es nur
"Priester" bedeuten, wie aus der citierten und anderen Stellen, besonders der
Contractlitteratur, zur Genüge erhellt.

schnitt einen Teil des Kulturlandes ab
15 und saecularisierte (ihn). Nabû-shum-iddina,
Priester der GUR und der Ninâ (?),
nahte sich unter Bitten und inständigem Flehen
dem Könige, seinem Herrn, Bêl-nâdin-apli,
und sprach zu ihm also :
20 O Herr, erhabener Fürst, unser Statthalter zwar

¹ Oppert (hier und Rev. 14, 15) in *Comptes rendus: Hamani*, in *Z. A.: Ziqum*.
Über die eventuelle Aussprache dieses viel besprochenen Ideogramms cf. besonders Hommel, *Semiten*, p. 364, *Transactions of the Ninth International Congress
of Orientalists*, vol. II, pp. 220-223, Amiaud, *Z. A.* II, 291 ; Jensen, *Kosmologie*,
p. 245 f.
² Cf. Gudea B, col. III, 1 ; ▽ *R.* 51, 26 a und Jensen zu diesen Stellen in
Schraders *K. B.* III, 1 Hälfte, p. 29, Anmerk. 11) und p. 208 ; *Z. A.* VIII, p. 221,
Anmerk. 5. Jensen's Erklärung verdient gegenüber der von Oppert (*Z. A.* VIII,
p. 372) den Vorzug. Es ist synonym von *išribu*, aber ein stärkerer Ausdruck und
am besten mit "inständiges Flehen," "Beschwörung" zu übersetzen. Wie das
phonetische Complement zeigt, endigt das Assyrische Wort auf *l*. Es ist also
wahrscheinlich, dass das Wort mit Jensen als ein Lehnwort aus dem Sumerischen
aufzufassen ist. Da jedoch auch die andere Möglichkeit vor der Hand nicht
ausgeschlossen ist, dass es ein gut semitisches Wort anderer Aussprache, aber
ebenfalls auf *l* endigend, dafür gegeben hat, halte ich meine oben gegebene Transscription einstweilen für die nachgemässte.
⁷ Oppert in beiden Bearbeitungen *it-taw*, indem er, wie oben geneigt wurde,
ohne jegliche Berechtigung das zweite Zeichen des Originals eigenmächtig ver-
änderte.
⁸ Oppert, den wahren syntaktischen Zusammenhang dieser und der folgenden
Zellen verkennend, liest die ersten drei Zeichen — was an und für sich ja möglich,
aber durch den Sachverhalt ausgeschlossen ist — *e-til-ni* "notre seigneur." Siehe
näheres im Commentar.
⁹ Cf. Brünnow, *l. c.* 9195. Oppert zerlegt das Ideogramm in seine zwei Be-
standteile und liest phonetisch *nir-ta-ni-hu*, "nous le vénérons." Wie er freilich
zu dem Lautwert *ta* für das zweite Zeichen kommt, ist mir unklar. Es dürfte ihm
auch schwer fallen, denselben nachzuweisen. Offenbar hat er zwei Zeichen verwechselt. Cf. Rev. 12.

pa-li-ḫu ilâni-šú

šá bît[ti] ᵈⁱᵘNinâ (?) mârat ᵈⁱᵘÉ-a rabî-ti

Rand ša ana piḫâti [šaknu eklit-ša ul ú-] ta-[ra] [1]

Rev.   mi-ṣir-ša ul us-saḫ-[ḫ]a

ku-dúr-ra-ša ul ut-ta[k]-[k]ar [2]

i-na-an-na ᵐᵉᵉE-kar-ra-ikîša(ša)

ša-kin Bît- = ᵈⁱᵘSin-ma-gir

5 mi-ṣir-ša us-saḫ-ḫi ku-dur-ra-ša ut-tak-kir

šarru ᵐᵉᵉE-kar-ra-ikîša(ša) ša-kin Bît- = ᵈⁱᵘSin-ma-gir

ū ᵐᵉᵉE-an-na⁸-šum-iddina(na) šakin ᵃˡᵘTâmdi

ur⁴-ta ú-ma-'i-ir-šú-nu-ti-ma

lit-ti pár-si-e⁸ i-ta-ni-e i-šá-lu-ma

10 eklu šú-a-tum⁶ a-na pît⁷-[ki]-šú-tir-ru

ma-ti-ma a⁸-na ar-kat ûmê

[1] Oppert hat zwar richtig erkannt, dass die Keilschriftreste, welche auf dem linken und unteren Rande des Reverses sich befinden, hierher gehören, aber er ergänzt ohne Berücksichtigung der erhaltenen Spuren *ša ana šanî* (sic! plural!?) *ma'dúti*, resp. in Z. A. *raquti* (weil wann ist *lattu* masculinum?). — Der Schreiber merkte sein Versehen erst, nachdem er bei der letzten Zeile von Rev. angekommen war. Statt nun aber den Stein erst wieder umzudrehen und die fehlende Zeile auf den Rand zwischen Obv. und Rev. einzuschalten, begann er auf dem linken Seitenrande vom Rev. (etwa 4.5 cm. vom oberen Rande entfernt) das Fehlende so leicht einzuritzen, dass ausser den von mir in O. B. I. gegebenen Resten absolut nichts mehr zu sehen ist. Überdies ist dadurch, dass ein Stück vom Obverse (1-6) herausgebrochen ist, auch die Randzeile zum Teil mit verloren gegangen. Als das Fehlende nicht auf diesen einen Rand ging, setzte er die Zeile nach rechts hin auf den unteren Rand des Rev. weiter fort. Die beiden Ränder gehören also zusammen! Aus dem dritten Zeichen des Randes geht nach den erhaltenen Spuren mit Sicherheit hervor, dass es nicht *AḪU-latu* sein kann (dasselbe wird auf unserem Texte anders gemacht, cf. z. B. Obv. 8, 9; Rev. 21), sondern jedenfalls *NAM* = *piḫâtu* ist (cf. Obv. 15). Ziemlich am Ende dieser Randzeile stehen Spuren eines Zeichens, die notwendigerweise auf *ta* führen (cf. Rev. 24). Darauf und auf den Zusammenhang gründet sich meine obige Herstellung des Textes. Zu gleicher Zeit habe ich dem ursprünglichen Raume zwischen *piḫâti* und *ta* (= 11 cm.) bei der Anzahl der ergänzten Zeichen Rechnung getragen.

[2] Oppert, eine willkürliche Änderung der erhaltenen Spuren vornehmend, *ša-a*. Cf. darüber meine Bemerkungen oben p. 7. In diesem Gliede, welches mit der vorhergehenden Zeile im Parallelismus steht, konnte der überhängende Vokal unterdrückt werden, da das Relativverhältnis bereits durch das Verbum in l. 1 angedeutet war. Ebenso unten l. 14: *ipalaš*.

fürchtet seine Götter, (aber)
der Herrin Ninâ (?), der grossen Tochter des Ea,

Rand deren Felder ein Statthalter nicht saecularisieren,

Rev.   deren Gebiet er nicht verändern,
    deren Grenzstein er nicht verrücken sollte, —
    ihr Gebiet hat nunmehr Ekarra-iḳlsha,
    Statthalter von Bît-Sinmâgir,

5 verändert, ihren Grenzstein hat er verrückt.
Der König sandte (alsbald) an Ekarra-iḳlsha, Statthalter
  von Bît-Sinmâgir,
und Eanna-shum-iddina, Statthalter des Meerlandes,
den Erlass, dass er
Annullierung der in Kraft getretenen Entscheidungen
  verlange, worauf

10 sie jenes Feld an seine Parcelle zurückgaben.
Für alle zukünftige Zeiten !

* Oppert ohne Grund *Ann.* Wie im Namen *Ekarra-iḳlla* (cf. auch die ähnlich gebildeten Namen *E-ti-da-iḳlla*, Strassmaier, *Nabuchod.* 301, 12 oder *E-lu-
hum-ulabli*, v. *R.* 60, col. I, 21) ist nicht der Name eines Tempels (hier der Göttin
Nanâ von Erech, cf. Delitzsch, *Paradies*, p. 222) Subjekt, sondern der einer zu
ergänzenden Gottheit, welche in jenem Tempel verehrt wurde. Dies wird erwiesen
durch Schreibungen wie *Ina-Eulbar-lurḳi-iddina* (v *R.* 60, 29 a) neben *Eulbar-
lurḳi-iddina* (III *R.* 43, col. I, 39) oder *Ina-Esagil-shr-ibni* (Strassmaier, *Nabonidus*
580, 15) neben *Esagil-shr-ibni* (ibid 652, 11 ; 653, 13 ; letztere beide Namen bezeichnen sogar dieselbe Person ?). Demnach haben wir auch obigen Namen als
verkürzt aus (Nanâ-)*ina-Eanna-hum-iddina* = "(Nanâ hat in) Eanna (in Beantwortung eines daselbst ihr dargebrachten Gebetes oder Opfers) einen Namen
(d. h. Fortpflanzung des Namens durch einen Spross als Träger desselben)
gegeben" anzusehen.
⁴ Oppert: *lik.* Siehe zu dieser und der folgenden Zeile meine ausführlichen
Erörterungen oben p. 3 ff.
⁵ Oppert: *litti* (?) *mašt.*
⁶ Oppert: *tu.*
⁷ Oppert: *ti-[ti]*, aber sicher unrichtig ergänzt und gelesen.
⁸ Oppert richtig *a* in *Comptes rendus*, in *Z. A.* (wohl Druckfehler) *i.* Zwischen
der Praeposition und *arkat* fehlt nichts, wie die Parallelstellen auf den Grenzsteinen beweisen. Die Zeichen sind hier ebenso auseinandergezogen wie l. 17, 21,
23, um die Zeile zu füllen.

lu-ú aklu[1] *lu-ú laputtû*[2] *[u-ú] šakkanakku ai-u[m-ma]*
šd Bit- = *ᵈᵘSin-ma-[gir ú-] ma-a-ru-m[a]*
ši-kir ᵈᵘ*GUR ū* ⁽ᵈᵘ⁾*Nind(ŕ)i⁸-pal⁴-la-a[ḫ]*[3]

15 ᵈᵘ*GUR ū* ᵈᵘ *Nind bêlit eš-[ŕ]a-ra-a-tu*
ki⁹-niš dan⁷-an lit⁸-ša-šú-ma

---

[1] Oppert läßt es zweifelhaft, ob *aklu* oder *rêš* (mit fehlendem *LU*) zu lesen ist. Aber warum eine Schwierigkeit hervorzaubern wo keine ist ! Ein Blick auf ähnliche veröffentlichte (und einen in *O. B. I.* part II edierten neuen) Grenzsteine lehrt, dass sich *rêš* nie in den mit *lu* eingeleiteten Parallelstellen findet und iv *R.*[2] 48, Rev. 14, wo es in ähnlichem Zusammenhange steht, erscheint es mit dem Determinativ *amêlu*. Dagegen findet sich *aklu* wiederholentlich, z. B. Ideographisch und von *laputtû* gefolgt wie hier iv *R.*[8] 38, col. III, 1 (das zweitletzte Zeichen der Zelle halte ich für *TUR*, das letzte für *DA*), phonetisch als *ak-lu*, z. B. III *R.* 41, col. I, 31 ; III *R.* 43, col. III, 14. Auch an den letztgenannten Stellen steht *la(u)puttû* unmittelbar daneben, in jener vorausgehend, in dieser folgend.

[2] *NU-TUR.* Oppert *ḫazânu*. Es ist richtig, dass nach dem Zusammenhang in den Parallelstellen und gemäss II *R.* 51, 44 c *ḫazânu* ein Synonym von *laputtû* ist. Aber *NU-TUR-DA* wird II *R.* 51 No. 2, Rev. 15 und v *R.* 52, 28 a ausdrücklich durch *laputtû* erklärt. Und da oft *ḫazânu* neben *NU-TUR-DA* (z. B. III *R.* 41, col. I, 32 ; III *R.* 43, col. III, 10, 13 ; iv *R.*[2] 38, col. III, 1, 2) zugleich erwähnt ist, kann es keinesfalls mit letzterem identisch sein. Cf. noch Belser in *B. A.* II, p. 138. Ich bemerke ausdrücklich, dass ich nicht mit Oppert *NU-TUR-DA* ergänze, sondern nur *NU-TUR*, genau so wie auf dem Londoner Grenzsteine no. 101, col. II, 14 (veröffentlicht von Belser in *B. A.* II, pp. 165–169). Den Rest der Zelle bis *šakkanakku* ergänze ich sachgemäss zu *lu-ú*. Denn, wie die Parallelstellen beweisen, stehen die einzelnen Beamten, die genannt werden, nicht subordiniert (also "irgend eines Statthalters" Oppert), sondern coordiniert. Man sähe auch gar nicht ein, warum gerade der Statthalter selbst, der oben als der Schuldige genannt und verklagt war, hier ausgelassen sein sollte. Dass *aiumma* sich nicht auf alle drei genannten Beamten grammatisch beziehen kann, lehrt z. B. III *R.* 41, col. I, 33, wo es heisst *šâ aiumma kîpu.* In den Parallelstellen wird am gewöhnlichsten *aiumma* durch *šâ* (mit und ohne vorausgehendes *ú* = und) als besonderes Glied = "kurz irgend einer" angefügt. Das auf dem Original (und demgemäss in meiner Copie) rechts unter *GIR* stehende kleine *PA* ist natürlich ein Versehen des Schreibers. Obv. 20 schrieb er das Ideogramm correct.

[3] Oppert *liplaḫu*, d. h. er ignoriert die in meiner Textausgabe ziemlich deutlichen Spuren des Zeichens *š*, verkennt völlig die Zusammengehörigkeit der scheinbar *drei* folgenden Zeichen, indem er das erstere überhaupt unberücksichtigt lässt und für die beiden letzteren (ebenso wie in L 16) einen neuen Lautwert erfindet, und liest schliesslich das letzte Zeichen *ḫu*, was viel mehr nach dem

Wer immer als Machthaber, Aufscher oder irgend ein
Praefect
Bît-Sinmâgir verwalten und
den Namen GUR's und Ninâ's (?) fürchten wird,
15 ihm mögen GUR und Ninâ(?), die Herrin der Göttinnen,
getreulich (und) machtvoll beistehen, und

deutlich erhaltenen kleinen Keile am Rande nur das Zeichen *aḏ* in der für diese
Zeit so characterislischen Form [cf. *Michaux*, col. IV, 13) sein kann. Obwohl
der Regel nach in den Parallelstellen jede einzelne Verbalform den überhängenden
Vocal *u*, weil im Relativsatze stehend, zu haben pflegt, so ist derselbe doch hier
aus demselben Grunde weggelassen wie oben l. 2 in *uttukkur*. Siehe meine Anmerkung dazu.
    * Oppert *lip.* Cf. vorhergehende Anmerkung. Das im Texte stehende
Zeichen ist identisch mit IV *R.* 41, col. III, 41 (das zweite Zeichen). Nur ist in
unserem Zeichen aus den Verlängerungsstrichen der beiden vorhergehenden
schrägen Keile wieder ein selbständiger Winkelhaken geworden (eine ja in der
Geschichte der Keilschrift auch sonst oft genug sich bietende Erscheinung). wie
ihn das ursprüngliche Bild bot. Freilich ist diese Wiederherstellung erst durch
eine Reihe von Entwicklungen herbeigeführt worden, die ihrerseits Neubildungen
im Zeichen hervorgerufen haben, welche im Mittelbabylonischen geblieben sind,
während sie sich im Neo-Babylonischen wieder verloren haben. Cf. Amiaud et
Méchineau, *Tableau comparé*, no. 19. Wenn wir von dem dort für Gudea
gegebenen Zeichen ausgehen, so entsteht durch Umdrehung des Winkelhakens
und Verlängerung von dessen Kanten über den Ausgangspunkt hinaus scheinbar
das Zeichen *HAL + ŠI + KAK*, da die beiden letzten Keile gemäss eines noch
aus der älteren Periode der Keilschrift nachwirkenden Gesetzes durch einen Strich
verbunden wurden. Cf. Hüprecht, *Freibrief Nebukadnezar's*, I, p. 111.
    4 Oppert fälschlich *ḏu*, cf. Anmerkung 3, p. 16.
    5 Oppert trennt das erste Zeichen vom zweiten und liest *itti(KI) nil* = cum
verbo mystico.
    7 Oppert liest dies und das folgende Zeichen getrennt, je als Ideogramm
ril ili = principis (Domini) Dei, was geradezu unmöglich ist. Ich lese *dan-an*
als Adverb = *ina da-na-ni*, *Grenzstein* No. 103, col. IV, 14, cf. Belser in
B. A. II, p. 195.
    8 Oppert *lip.* Das Zeichen ist nur scheinbar aus *ŠI + KAK* zusammengesetzt.
Es ist vielmehr eine der interessanten Formen des Mittelbabylonischen für *lit*
(Amiaud et Méchineau, *l. c.*, no. 236). Dies ergiebt sich unmittelbar aus einem
Vergleich von V *R.* 56, 25 (drittletztes Zeichen = *lit*) mit V *R.* 56, 59 (das fünfte
Zeichen = *ds/*). Denn wir erhalten die Gleichung: V *R.* 56, 59 verhält sich zu
V *R.* 56, 25 wie das in Anmerkung 4 (*HAL + ŠI + KAK*) besprochene Zeichen
zu unserem obigen.

itti ᵈ*E-a ba-an* [1] *ka-la*
ši-mat balâţi li-ši-ma-šú
ûmê la-ba-ri û šanâti mi-ša-ri
20   *a-na ši-rik-ti liš-ru-ka-šú*
mu-ša-na an-ni-i
e te-ti-ik i-ta-[a][2]
e tu-saḫ-ḫi mi-iṣ-[ra][3]
limutta(ta) zi-ir-ma kit-ta ra-[am].

[1] Oppert transscribiert sonderbarer Weise die ersten sechs Zeichen der Zeile *itti il bit-mili û*, vergessend, dass hier zusammengehörige Zeichen (*ba* + *an*) vom Schreiber, wie so oft in der Keilschriftlitteratur, auseinander gerissen wurden, um die Zeile zu füllen. Cf. Anm. 8, p. 15. Zur Apposition (*bân kala*) des Ea, cf. den *Berliner Merodachbaladan-Stein* (*B. A.* II, 261), col. III, 5.

[2] Oppert *ti*. Aber die Spuren führen auf ein anderes Keilschriftzeichen. Von *ti* m1liasten auf dem tadellos erhaltenen Zwischenraum zwischen *ta* und dem fraglichen Zeichen unmittelbar über dem Bruch Reste der ersten zwei Keile zu sehen sein. Sodann ist ein Plural *iddi* um dessentwillen ausgeschlossen, weil der Text an allen Stellen, wo von "Grenze, Gebiet" die Rede ist (Rev. 1-2, 5, 23), den

samt Ea, dem Schöpfer des All's,
ein Geschick des Lebens ihm bestimmen,
ein hohes Alter und segensreiche Jahre
20   als Geschenk ihm verleihen !
Du aber, der du dieses umstossen willst,
verrücke nicht die Grenze,
beschädige nicht das Gebiet,
hasse das Böse und liebe das Recht !

Singular gebraucht. Schliesslich lässt der Rest des einen perpendiculären Keiles
und die Berücksichtigung des bis zum Rande zur Verfügung stehenden knappen
Raumes kaum eine andere Ergänzung zu als a, worauf auch die auf diesen Vocal
endigende vorhergehende Silbe führt. Das Wort *irit*, synonym v. *ittu* bedeutet ja
dasselbe wie dieses, mit dem es von der nämlichen Wurzel חרת hergeleitet ist,
es hat aber auch die Bedeutung "Grenzstein" wie oben. *I-to-a* findet sich z. B.
Meissner und Rost, *Die Bauinschriften Sanherib's*, p. 14 (fünfte Zeile vom Ende).

¹ Oppert *ri*. Aber der Parallelismus mit *itti* und ein Vergleich von Rev. 2, 5
ku-dur-ra nötigt uns zu *ra*.

Commentar.

Obv. 1. Cf. Delitzsch in *B. A.* II, p. 273.
  2. Cf. Delitzsch, *A. W.* p. 104 zu *ugâru.*
  5. *Kî pilki ipluk.* Zu Oppert's Etymologie ("le verbe
balak signifie bénir, consacrer, rendre heureux, et a complète-
ment le sens de l'hébreu בֵּרֵךְ") habe ich nichts zu bemerken.
Meine Ansicht über das Verbum *palâku* und seine Derivata
deckt sich mit Meissner und Rost, *Die Bauinschriften Sanheribs,* p. 39, Anmerk. 85. Cf. auch Jensen, *Z. A.* VIII,
p. 221, Anmerk. 2.
  8. *Kummd* übersetzt Oppert "elapsi sunt" — "se sont
écoulés," zweifellos richtig. Mein werter Freund Jensen wird
kaum seine Erklärung ("wohl Intensivform von √k-w-m =
קום," eigentlich "war aufrecht erhalten worden," *Z. A.* VIII,
p. 221, Anmerk. 3) "aufrecht erhalten," da dieselbe zu viele
Schwierigkeiten involviert. *Šandti* ist Subject zu *kummd,* das
letztere also 3. pers. plur. fem. (*d*) des Permansivs II₁ (mit pas-
siver Bedeutung, Delitzsch, *A. G.* §§ 88-89) von כמם "ein-
schliessen, umschliessen " (cf. *kamât âlišu* auf den Grenzsteinen
— "seine Stadtmauer"), also eigentlich "696 Jahre waren eingeschlossen von G bis N," *i.e.* "verflossen." Die Tafel giebt
den *terminus a quo* und den *terminus ad quem,* d. h. die beiden
Grenzpunkte an, zwischen denen 696 Jahre eingeschlossen
sind. Das kann nach gemeinmenschlicher Auffassung, d. h.
wenn man keine Schwierigkeiten sucht, wo keine sind,
schlechterdings nichts anderes bedeuten, als dass vom Tode des
Gulkishar bis zum Regierungsantritt Nebukadrezar's I 696
Jahre verflossen sind. Man frage sich doch alles Ernstes einmal, ob irgend jemand das Recht hätte, einen Satz wie "von
Friedrich dem Grossen bis auf Friedrich Wilhelm IV von
Preussen sind so und so viel Jahre verflossen (eingeschlossen)"
anders aufzufassen als von 1786 (dem Todesjahre Friedrichs)
bis 1840 (dem Regierungsantritt von Friedrich Wilhelm).

Wollte man mit Jensen in unserer Urkunde annehmen, dass
vom Schenkungsjahre an gerechnet wäre, so müsste man eine
solche specifische Angabe ausdrücklich im Texte finden. Davon steht aber nichts da. Ebenso wenig hat man das Recht,
vorauszusetzen, dass in den 696 Jahren die Regierungszeit
Nebukadrezar's I eingeschlossen sei. Denn wollte man das
Jensen'sche Princip der Rechnung genau durchführen, so
müsste man die drei Jahre des Bêlnâdinapli " nach dem Zusammenhange" auch noch einrechnen. Hätte der Priester sagen
wollen, was Jensen annimmt, so hätte derselbe es nicht gut
anders ausdrücken können, um nicht missverstanden zu werden, als "bis Bêlnâdinapli." Dann, aber auch nur dann, wären
Nebukadrezar's I Regierungsjahre eingeschlossen. Wir dürfen
uns nicht selbst die Grenzpunkte wählen, da die einfache klare
Angabe dieses verbietet, sonst verfallen wir in Speculationen,
anstatt sachgemäss jene Urkunde zu interpretieren. Warum,
frägt man, hat aber der Priester nur bis zu Nebukadrezar's I
Regierungsantritt gerechnet? Die Antwort ist sehr einfach,
weil jeder babylonische Zeitgenosse des Priesters auch ohne
besondere Angabe wusste, wie lange Bêl-nâdin-apli's unmittel-
barer Vorgänger, der berühmte Nebukadrezar I,[1] eine der
hervorragendsten Gestalten der babylonischen Geschichte,
regierte. Der ganze Zusammenhang ist so einfach, dass es
mir wirklich unmöglich ist, eine andere Auffassung gelten zu
lassen.

Die Zahl der angegebenen Jahre repräsentiert das Resultat
der Nachforschungen des Priesters, der von dem ihm und allen

<hr>

[1] Cf. jetzt auch noch das von Boissier soeben vollständig in Transscription
veröffentlichte Fragment K. 3426 (Revue Sémitique, Janvier 1894, p. 76 ff.), das
auf das willkommenste meine Ausführungen O. B. I., p. 42, no. 3 bestätigt. Cf.
schon früher Delitzsch, A. W. p. 306, und Bezold, Catalogue of the Cuneiform
Tablets in the Kouyunjik Collection, vol. II, p. 532. Von einem König, den man
in Hymnen feierte (cf. Boissier's sehr richtige Bemerkungen, l. c. pp. 77 und 78),
wusste man wohl unter seinem nächsten Nachfolger noch so gründlichen Bescheid,
dass man nichts über seine Regierungsdauer anzugeben brauchte.

Babyloniern als ein nationales Ereigniss, als der Anbruch einer neuen Friedensaera (*O. B. I.* p. 42) bekannten Datum der Thronbesteigung Nebukadrezar's I ausgehend, nach rückwärts fortrechnet, bis er auf den Namen Gulkishar's kommt, das sind eben 696 Jahre. Und das ist alles was er angeben will. Denn, um das noch einmal zu betonen, die Urkunde enthält keine Angabe darüber, wie lange das Stück Land im Besitz des Tempels gewesen war und will keine geben, sondern nur darüber, wie viele Jahre zwischen Gulkishar's Tode und Nebukadrezar's I Thronbesteigung liegen. Daraus aber konnte sich jeder selbst, soweit dies überhaupt möglich war, die Dauer des Besitzes berechnen. Denn ich wage geradezu zu behaupten, dass der Priester selbst nicht einmal das genaue Jahr wusste, in welchem die Schenkung gemacht war. War es doch, wie wir aus den Hunderten von Contracten, datiert in der Zeit der zweiten Dynastie von Ur (noch unpubliciert im Museum der University of Pennsylvania) und der ersten Dynastie von Babylon wissen, überhaupt um jene Zeit gar nicht Sitte, Tafeln nach dem so und so vielten Regierungsjahre eines Herrschers, sondern einfach mit einer allgemeinen Angabe wie "im Monat Adar, im Jahre, da Hammurabi, König von Babylon,[1] Istar und Nanâi

---

[1] Ich muss gegenüber Meissner, *l. c.* (in den Thontafelunterschriften) auf das entschiedenste daran fest halten, dass *lugal E.* mit Delitzsch (*Paradies,* p. 214; *Die Sprache der Kassäer,* p. 20, Anmerk. 1) " König von Babylon," nicht aber blos *lugale* "König" bedeutet. Kein Sumerer würde *lugale* in dieser Weise schriftlich wiedergegeben haben. Der Umstand, dass sich daneben bloses *lugal* findet, beweist nichts. Man schrieb entweder den Königsnamen mit vollem Titel " König von Babylon," oder mit dem blossen Titel " König," oder liess auch den Titel aus, was bei den Kassitenkönigen sogar Regel wird. Und niemand wird uns zumuten wollen, z. B. Strassmaier, *Darius,* no. 299, 12, *lugale* "König" zu lesen. Dort muss es notgedrungen " König von Babylon" heissen. An ein Versehen des Schreibers für " E KI " glaube ich principiell nicht, so lange sich eine andere Erklärung bietet, da ich mit gutem Grunde annehme, dass so ein babylonischer Schreiber meistens mehr Assyrisch-Babylonisch gewusst hat, als alle heutigen Assyriologen zusammengenommen. Die Darius-Stelle ist auch nicht die einzige in den Neo-Babylonischen Contracten, wo Babylon so geschrieben ist ! Cf. übrigens *E* auf der Königsliste. Die Gegner meiner *KI-A*-Hypothese

proklamierte " (Meissner, *Altbabyl. Privatrecht*, no. 78), etc.
zu datieren.   Solches Datum konnte zur Not den Zeitgenossen
verständlich sein, die Näheres wussten oder Mittel hatten,
Näheres ausfindig zu machen ; es musste aber 700 Jahre später
äusserst schwierig sein, daraus genau das so und so vielte Jahr
selbst des betreffenden Königs zu berechnen, ausser man begab
sich etwa in die grossen Archive der Tempel von Babylon oder
Nippur, wo man, wie sich jetzt nachweisen lässt, Listen aufbe-
wahrte, in denen für jedes Jahr irgend eines Königs jener
Dynastien eingetragen ward, was von Wichtigkeit vorfiel, und
wonach dann die Tafeln datiert wurden.   In meinem im Druck
befindlichen zweiten Teile von *O. B. I.* wird man eine solche
Liste aus der Zeit Königs Ine-Sin von Ur (cf. Hilprecht in
Z. A. VII, p. 343 ff.) veröffentlicht finden.   Das beste, was
also der Priester unter den Umständen thun konnte, und was
ja schliesslich für seine Zwecke vollständig ausreichte, war
1) dass er durch das Vorzeigen der Schenkungsurkunde, die
(im Gegensatz zu dem auf dem freien Felde stehenden und
darum der Witterung und dem Verderben trotz des Fluches
beständig ausgesetzten Grenzsteine) im Tempel selbst aufbe-
wahrt wurde (cf. die interessanten und lehrreichen Angaben im
Grenzstein No. 103), nachwies, dass das vom Statthalter saecularisierte Grundstück wirklich einst vom König Gulkishar dem
Tempel geschenkt war, und 2) dass er von dem ihnen allen
bekannten Jahre der Thronbesteigung Nebukadrezar's I an
ausrechnete, wie lange vorher der König Gulkishar gelebt hatte.
    In meiner Untersuchung *O. B. I.* p. 41 ff. habe ich absicht-
lich diese wichtige chronologische Notiz unberücksichtigt

dürfen sich beruhigen, dass ich weder diese gewöhnliche Schreibweise für Babylon
(ohne jegliches Determinativ) noch den Umstand, dass auf der Königsliste überhaupt keine Stadt (oder Land) ein Determinativum hat, als einzigen oder auch
nur einen Hauptgrund dafür in's Feld zu führen gedenke.   Da giebt es in den
altbabylonischen (und cappadocischen) Texten genug andere Städtenamen, die
meine Ansicht bestätigen, dass eine Stadt nicht notwendigerweise *alu* oder *ki* als
Determinativ zu haben braucht (gegen Jensen, *Z. A.* p. viii, 228).

gelassen, da ich wegen des mir bemessenen Raumes nicht auf
die zweite Dynastie, von der ich keine Texte bot, abschweifen
wollte, und weil sie andererseits mich in der Fixierung meiner
Gründe für Nebukadrezar I, als Begründer der Pashe-Dynastie,
nicht beeinflussen durfte, wie sie das Oppert bei seiner Untersuchung gethan ; denn dann hätten meine Argumente, wie ich
unten zeigen werde, gleich denen Oppert's einen höchst zweifelhaften Wert. Oppert's Erstaunen (*Comptes rendus*, p. 9 ff.),
dass mir das einfache Rechenexempel, von dem er spricht,
entgangen sein sollte, teilt gewiss kein anderer Assyriologe, der
meine lange vor Oppert's Untersuchung an Jensen gemachte
persönliche Mitteilung (*Z. A.* VIII, p. 222) gelesen hat. Eine
solche Zumutung auf Seiten Oppert's ist fast etwas komisch.

Nachdem ich ohne Berücksichtigung der vorliegenden Urkunde und ganz und gar unbeeinflusst von ihrer chronologischen
Notiz versucht habe, nachzuweisen, dass Nebukadrezar I der
Begründer der Pashe-Dynastie gewesen war, folgt fast notwendig, dass unser Gulkishar und der Gulkishar der Königsliste trotz der Verschiedenheit ihrer Titel identisch sein
müssen, 1) weil der Name so selten ist, dass er überhaupt in
der ganzen assyrisch-babylonischen Literatur (cf. auch Jensen,
Z. A. VIII, p. 222) nicht wieder vorkommt, 2) weil es kaum
möglich ist, anzunehmen, dass zu gleicher Zeit und genau 696[1]
Jahre vor Nebukadrezar I zwei Könige mit einem so seltenen
Namen in Babylonien neben einander regiert haben.[2]   Ich

---

[1] Nach der Königsliste liegen nicht 695 Jahre (Jensen, *Z. A.* VIII, p. 222)
zwischen Gulkishar und Nebukadrezar I, sondern 695 Jahre 9 Monate (cf. die
jüngste Ausgabe in Knudtzon, *Assyrische Gebete an den Sonnengott*, Band I, p. 60),
wofür der Priester in runder Summe 696 Jahre sagte.

[2] Freilich cf. Winckler, *Altorientalische Forschungen* I, p. 13 ff., wo ich dem
geschätzten Berliner Fachgenossen vollkommen beistimme, dass viel gegen eine
Identification des Azrijau von Ia-u-di mit Azarja von Judah spricht. Doch beweist diese Parallele nichts gegen uns, weil, wie Winckler nachweist, dort gerade
auch die Jahreszahlen der Identification beider im Wege stehen, und weil wir in
Azarja einen ziemlich verbreiteten Hebräischen Eigennamen, dagegen in Gulkishar
einen anderweitig unbelegbaren vor uns haben.

stehe darum, indem die überwältigende Wahrscheinlichkeit auf
meiner Seite ist, nicht an, beide Gulkishar zu identificieren.
Das einzige, was dagegen zu sprechen scheint, ist ihre Verschiedenheit der Titel. Der eine heisst " König vom Seeland,"
der andere war "König der Dynastie von URU-"AZAG."
Über das Seeland sind wir einigermassen unterrichtet, über
URU-"AZAG" wissen wir bis auf den heutigen Tag, trotz
allem was für eine Identification desselben[1] geschrieben ist,
nach meiner sorgfältigen Abwägung aller einzelnen Punkte,
so gut wie nichts. Winckler gründet seine Deutung von
URU-"AZAG" auf die zunächst ganz unberechtigte Annahme
einer Ideogrammverwechslung seitens des Schreibers, gemäss
des immer mehr unter den Assyriologen, nicht gerade zum
Vorteil der jungen Wissenschaft, einreissenden Grundsatzes :
"Was man nicht declinieren kann, das sieht man als Versehen
an."[2] Und dies allein ist schon genug, da solide andere
Gründe überhaupt von ihm noch nicht vorgebracht sind, mich
von vorn herein gegen diese Hypothese einzunehmen.[3] Soviel

[1] Cf. besonders in jüngster Zeit Winckler, *Babylonisch-Assyrische Geschichte*,
pp. 67-68, 328. Hommel, *P. S. B. A.*, Nov. 1893, pp. 13-15. Hommel's Hypothese hat für mich noch immer viel Bestechendes. Bei eingehender Untersuchung
habe ich sie etwas modificieren müssen. Cf. darüber näheres unter Aufsatz VI
" König *AN-MA-AN* der Königsliste und Fürst *AN-A-AN* von Erech."

[2] Da die meisten der in Leipzig gebildeten Assyriologen ursprünglich auch
Theologie studierten, erinnert sich gewiss noch mancher derselben des auch auf
dem Gebiete der Orientalischen Sprachen, besonders des Persischen, wohlbewan-
derten Professors der Theologie Bauer und seiner schönen Vorlesung "Das
Buch Hiob, Dante's Divina Comedia und Goethe's Faust." Derselbe pflegte uns,
die wir damals (wie das so im Zuge der Zeit lag) für die "Akkadischen" (im
Sinne von Lehmann's "Sumerischen") Etymologien in den Semitischen Sprachen
durch Dick und Dünn in heller Begeisterung gingen, als Motto entgegenzuhalten:
"Was man nicht declinieren kann, das sieht man als Akkadisch an." Jetzt ist es
Mode geworden, für das andere Extrem zu schwärmen. *Tempora mutantur*, auch
die Etymologien unterliegen der Mode!

[3] Man versuche mich nicht falsch. Ich gebe selbstverständlich zu, dass eine
ganze Anzahl von offenbaren Versehen der Schreiber in der Keilschriftlitteratur
vorliegen. Aber ich bin von vornherein misstrauisch gegen jede Textemendation,
Verwechslung, Versehen etc. und nehme stets zunächst Ueber an, dass ich den

ist mir persönlich sicher, dass Babylon damit nicht gemeint
sein kann. Denn wir haben überhaupt gar kein Recht, das
Uru-azaga der Gudea-Inschriften zum Vergleich heranzuziehen,
Text nicht verstehe, weil ich nicht genug Assyrisch weiss, als umgekehrt. Auf
einem kritischen Streifzug durch die historischen Assyrischen Inschriften, über
dessen Resultat ich mich später einmal äussere, bin ich jüngst zu teilweise recht
überraschenden Resultaten, was die "Textemendationen" der Assyriologen betrifft, gelangt. Ich will einen besondern lehrreichen Fall aus dem gesammelten
Material hier kurz als Illustration anführen. Bekanntlich findet sich auf dem
dritten oberen stufenförmigen Teil des schwarzen Obelisken Salmanassar's II die
Notiz IL 3-4, dass die Hethiter eine gewisse Stadt *Pitru* nennen. Der Text
lautet *la amêlu + MEŠ + NI* ᵐᵃᵗᵘ *Ḫattai Pitru iḳabbū-ni* (Del. *A. G.* § 79, β).
Die Frage ist, wie haben wir das zweite Wort zu transcribieren! Nach Amiaud
und Scheil (*Les Inscriptions de Salmanasar II*, p. 22, L 39) ist *omêlâni* zu lesen,
d. h. wir haben entgegengesetzt unserem Wissen von der gewöhnlichen Plural-
bildung von *amêlu* (cf. Del. *A. G.* § 67, 6), einen neuen Plural *amêlâni* zu con-
struieren, weil das phonetische Complement *NI* diesen zu fordern scheint.
Winckler (in Schrader's *K. B.*, vol. I, p. 132, Anmerk. 1) hält sachgemäss daran
fest, dass der Plural von *amêlu* im Assyrischen nur *amêlûti* (u, o) lautet und liest
dementsprechend auch hier *amêlûti*, aber da das phonetische Complement seiner
Lesung im Wege zu stehen scheint, zieht er sich auf Kosten des armen Schreibers
aus der Verlegenheit heraus, indem er behauptet, "*ni* wohl Versehen des
Schreibers." Hätten sämmtliche drei Assyriologen in diesem Falle mit Gottfried
Hermann gesagt: "est etiam nesciendi quaedam ars," so hätten sie sich selbst
vor einem Versehen bewahrt und dem armen Babylonier keine grammatische oder
palaeographische Sünde zugemutet. Das richtige liegt in der Mitte. Wir haben
zu lesen *amêlûti* (+ phonetisches Complement *tiġ*, in diesem Falle = *tiġ* = *ti*
gesprochen). Denn 1) Aus der späteren baby-
lonischen Contractlitteratur ergiebt sich, dass *NI* den Lautwert *tiġ(ṭ)* hatte.
Man erwartete ihn ohnehin aus dem für das Sumerische längst erschlossenen
Werte *DIG* (Brünnow, *l. c.* 5306), aber er folgt mit Sicherheit aus den verschiedenen Schreibungen des sehr gebräuchlichen Personennamens *Nabû-mulḫtiḳ-*
UD-DA. Der mittlere Bestandteil desselben erscheint nämlich entweder als
mu-lu-ti-iḳ oder *mu-lu-NI* Le. *tiḳ* (nicht *ni*, wie Strassmaier beständig tran-
scribiert), und einmal aus Versehen auch *mu-lu-iḳ* (*Nabuchodonosor*, no. 342, 7).
2) Gewisse Silben, welche auf *g* (ḳ) endigen und den Vokal *i* enthalten, werden in
der babylonisch-assyrischen Volkaussprache häufig mit Vocalisierung oder Unter-
drückung des *g* (unter Einfluss des vorhergehenden *i*) cf. Angel-Sächsisch *llc*,
Dänisch *lig*, Deutsch *lich*, Englisch *ly* (= *like*)) vokalisch auslautend (also *li, ti*)
gesprochen. Ich verweise hierfür auf das bekannte Beispiel aus den Inschriften
Nebukadrezar's II: *ni-lig = nili* "Menschen" (*A. H.* 82, 7, 14, col. I, 9), veröffentlicht von Winckler in Z. A. II, p. 169; ferner *R. N.* 675, col I, 12, veröffentlicht von Winckler, *ibidem*, p. 138; ferner *Nebuk. O'Connor*, col. III, 14

aus dem einfachen Grunde, weil beide Ideogramme gar nichts mit einander gemein haben. Dank der erneuten kritischen Textausgabe der babylonischen Königsliste von Knudtzon (*Assyrische Gebete an den Sonnengott*, Band I, p. 60) und Delitzsch's sehr willkommenen Bemerkungen *Zur babylonischen Königsliste*[1] bin ich endlich in die Lage versetzt, mir ein selbstständiges Urteil über den Zustand jenes wichtigen Textes zu bilden. Zu meinem grössten Erstaunen erklärt Knudtzon, dass überhaupt gar nicht *AZAGA* zu lesen ist, sondern dass *KU* (Brünnow, *List*, 11818) da steht. Damit bricht denn freilich auch der letzte Stützpunkt für die Lesung Winckler's zusammen, und Hommel's Lesung *URU-KU*[2] — Erech ge-

(von Strassmaier und O'Connor *li* fälschlich für das gewöhliche Zeichen gehalten) und in col. III, 5 einer neuen im zwelten Teile meiner *O. B. I.* veröffentlichten Inschrift Nebukadrezar's. Cf. damit Winckler's Bemerkungen *Z. A.* II, p. 136 und Delitzsch, *A. W.*, p. 102, Anmerk. 2. Allerdings ist an der von Delitzsch behandelten Stelle *igi-nig = igi-si* vom Schreiber beabsichtigt. Insofern als diese Verwendungen der Zeichen *lig, tig* etc. für *li, ti* uns einen höchst willkommenen Einblick in die lebendige assyrisch-babylonische Aussprache des *g* nach *i* gestatten, sind diese Schreibungen von grösster Bedeutung und etwas mehr für den Grammatiker als "nachlässige Schreibungen" (Winckler *Z. A.* II, p. 136). Wir dürfen daher geradezu die Silben *li* und *ti* in solchen Texten, wie Salmanassar's II und Nebukadrezar's II, welche ja das Assyrisch-Babylonische vielfach, wie es wirklich gesprochen wurde, wiedergeben (cf. z. B. bei *Salman.* die Behandlung der verdoppelten Consonanten und der Sibilanten, z. B. *Obelisk*, l. 156 *u-lx(li)-lia*. So ist natürlich im Hinblick auf l. 72: *ul-tzi* gegen Winckler's *u-le-li-bi* zu lesen. Wie das phonetische Complement *li* lehrt, hat hier das Zeichen *ni* den Lautwert *lis*), als regelrechte Lautwerte der entsprechenden Keilschriftzeichen betrachten. Nebenbei bemerkt, *Salm. Obel.*, l. 176 ist natürlich nicht mit Winckler, *A. B. I.* p. 148, Anmerk. 1 in *pa* zu emendieren, sondern ist Ligatur für *ina pa* (cf. l. 160). Über Winckler's Emendation *ibidem*, p. 138, Anmerk. 1 (l. 88) cf. weiter unten.

[1] In dessen *Assyriologische Miscellen*, Erste Reihe : I–III. Sonderabdruck der Berichte der philolog.-hist. Classe der Königl. Sächs. Gesellschaft der Wissenschaften. Sitzung vom 8. Juli 1893, pp. 183–189.

[2] Das Determinativum *li* oder *ilu* würde natürlich ebensowenig gesetzt sein als nach der Stadt *Pa-li* (cf. das *Pale li* der Contracte), *E* (= Babylon) etc. auf derselben Liste. Doch spricht vor der Hand noch der Umstand gegen die phonetische Lesung *Uru-lu*, dass für *HA* der Lautwert *lu* in semitischen Texten nicht belegbar ist. Man muss also noch immer eine halbe ideographische Schreibweise darin sehen.

winnt an Wahrscheinlichkeit. Wie dem aber auch sei, meiner
bereits Jensen (und Hommel) gegenüber mündlich geäusserten
Ansicht (cf. *Z. A.* VIII, p. 222) steht zur Zeit nicht nur nichts
entgegen, sondern im Gegenteil zweierlei spricht dafür, dass
URU-KU, als der Ort, von dem die Dynastie herstammte, in
Südbabylonien zu suchen sei, 1) die ausdrückliche Notiz
unseres Textes, dass Gulkishar König des Meerlandes war,
2) die nunmehr wahrscheinlicher gewordene Identification von
URU-KU mit Erech, wenn man dieselbe überhaupt mit dem
jetzigen Material schon vornehmen darf. Das ist das Resultat, welches sich mir bei einer vorurteilsfreien Interpretation
der chronologischen Angabe in der Urkunde Iŝl-nâdin-apli's
und aus einer erneuten Prüfung des Thatbestandes der Königsliste ergeben hat, und an diesem Resultat muss ich fest halten,
bis ich durch unanfechtbare Gründe überführt bin, dass der
Text anders interpretiert werden muss und Knudtzon's Copie
der Königsliste unrichtig ist, resp. die zweite Dynastie wirklich
aus Babylon stammte.[1] Ein König, der "das Seeland" als
Stammland hatte — denn das bleibt das nächstliegende zu
folgern nach meiner obigen Annahme einer Identität beider
Gulkishar — konnte von einem Unterthanen aus dem Stamm-
lande ebensowohl "König von Babylon" wie "König vom
Meerlande" genannt werden. Denn das eine schliesst das

---

[1] Abgesehen von den obigen Ausführungen spricht auch noch besonders
dagegen: 1) dass Babylon auf der grossen Königsliste stets *E* geschrieben ist (ich
wundere mich, dass Winckler, Geschichte, p. 67, seine Hypothese für *Uru-azagu*
als einen Stadtteil von Babylon auf so schwache Füsse stellen kann, indem er den
Hymnus als "Beweis" (!!) citiert. Derselbe beweist wirklich auch gar nichts von
dem, was Winckler darin zu finden meint). 2) dass die blossen Namen der Könige
der zweiten Dynastie babylonischen Ursprung geradezu-unmöglich machen. Mag
man dieselben nun Semitisch oder Nichtsemitisch lesen, Babylonier sind ihre
Träger nimmermehr gewesen. Denn auch nicht einer von ihnen enthält eine
Gottheit als Bestandteil, wie Oppert sehr richtig (*Comptes rendus*, p. 21) hervorgehoben hat — wir sollten vielleicht vorsichtiger sagen: eine *babylonische* Gottheit,
da irgend eine andere fremdländische Gottheit darin stecken mag, ohne Determ.
geschrieben, weil sie den Semitischen Babyloniern als solche unbekannt war.

andere nicht aus. Ob der Priester aus diplomatischen Gründen [1] oder aus Unkenntniss Gulkishar nur als "König vom
Meerlande" bezeichnete, ist mir unmöglich festzustellen, ist
aber auch für unsere Frage von untergeordnetem Interesse.
Oppert stimmt mit meinem in *O. B. I.* niedergelegten Befunde, dass Nebukadrezar I der Begründer der Dynastie von
Pasche gewesen sei, überein, freilich aus anderen Gründen :
"parce que depuis *Gulkisar* jusqu'à lui se sont écoulés 696
ans, et que depuis *Gulkisar* jusqu'à la fin de la grande Dynastie
il y a un intervalle de 695 ans et 9 mois." Auf diesen Worten
baut Oppert seine ganze Theorie auf, einen Beweis aber wird
das auch wohl derjenige, der nur wenige Ansprüche an einen
solchen stellt, mit dem besten Willen nicht nennen können.
Ich will Oppert's Methode, wie er selbst mit so besonderer
Vorliebe thut, an einem Beispiele illustrieren. Gesetzt wir
fänden eine Urkunde, auf der stünde, dass zwischen einem
Friedrich, Grossherzog von Baden (als einem Teil von Deutschland), und einem Wilhelm, Kaiser von Deutschland, 696 Jahre
verflossen wären, würden wir daraus folgern dürfen, dass zwischen einem Friedrich, Kaiser von Deutschland, und jenem
Wilhelm nun auch gerade 696 Jahre verflossen sein müssten,
einfach weil die Namen zusammenklingen, obwohl nach allgemeiner Annahme zwischen den letztgenannten zwei Kaisern
über 720 Jahre gelegen haben? Wir müssten doch erst den
Nachweis bringen, 1) dass jener Friedrich von Baden und
Friedrich von Deutschland dieselbe Person sind, und 2) dass
unsere bisherige Ansicht über den Intervall von Friedrich von

[1] Man vergesse nicht, dass soeben erst durch Nebukadrezar I der babylonische
Nationalgeist neu wachgerufen war, und fremde Dynastien darum gewiss so viel
wie möglich todtgeschwiegen wurden. Der Priester hatte aber noch besonderen
Grund vorsichtig zu sein, da er gegen einen offenbar von der neuen einheimischen
Dynastie eingesetzten Beamten klagte, der leicht des Priesters Bezeichnung von
Gulkishar, als "König von Babylonien" hätte benützen können, um seine That
als vom Nationalsinn diktiert und von dem Bestreben beseelt, die von den
fremden Usurpatoren getroffenen Bestimmungen rückgängig zu machen, hinzu-
stellen.

Deutschland und Wilhelm von Deutschland falsch war. Das
aber hat Oppert eben unterlassen, trotzdem Jensen zeitgemäss
warnte, ohne besondern Beweis die beiden Gulkishar für identisch zu halten, und trotzdem bis zu dem Erscheinen meines
Buches die gesammte Assyriologenwelt der Überzeugung war,
dass Nebukadrezar nicht der Begründer der Pashe-Dynastie
gewesen sei, sondern an dritter oder vierter Stelle gestanden
habe. Man mag über die Validität der von mir für Nebukadrezar, als den Begründer seiner Dynastie vorgebrachten
Gründe denken wie man will,[1] jedenfalls wird man mir zugeben, dass ich *versucht habe*, wissenschaftlich zu verfahren,
indem ich mir zunächst eine Operationsbasis schuf. Erst
daraus, dass ich, von dieser aus rückwärts rechnend, zu dem
überraschenden Resultate gelangte, dass zwischen Nebukadrezar und Gulkishar von Babylon genau so viele Jahre verflossen sind, als zwischen Nebukadrezar[2] von Babylon und
Gulkishar vom Meerlande (nach der Angabe meiner Urkunde),

[1] Oppert hält sich natürlich nicht damit auf, dieselben Schritt für Schritt zu
widerlegen, wie man billig erwartet, sondern indem er den ersten Grund aus seinem
Zusammenhange mit den folgenden — wodurch er allein seinen Wert erhält —
herausreisst, verweist er auf Alexander, Karl den Grossen oder Friedrich II.
Von einer solchen Art der Behandlung ist freilich keine rechte Förderung der
schwebenden Fragen zu erwarten. Ähnlich ist Oppert's Abmachung meiner
Lesung *Shargâni-shar-âli* durch seine *unmögliche* Lesung *Bingani-sar-eris*. Ich
lasse mich gern belehren, auch wenn die von mir bisher vorgetragenen Ansichten
eine radicale Änderung erfahren müssen. Mir ist es nur um die objective Wahrheit zu thun. Wenn aber der verehrte französische Forscher nach wie vor den
Nachweis seiner Lesung *Bin* statt *âar* unterlässt, obwohl ich keinen einzigen
Assyriologen kenne, der mit ihm dieselbe für möglich hielte, so muss er sich schon
gefallen lassen, dass ich dieselbe zu meinem grossen Bedauern in Zukunft weiter
nicht acceptieren kann, sondern vor der Hand an *Shargâni-har-âli* als der allein
berechtigten Lesung festhalte. [Cf. jetzt noch Oppert in *Revue d'Assyriologie*,
III, (Separatabdruck) pp. 2 ff.]

[2] Herr Professor Oppert hält mir entgegen, dass ich keinen Beweis dafür habe,
dass Nebukadrezar I von Babylon und der Nebukadrezar der Urkunde identisch
seien. Daraus muss ich leider schliessen, dass Oppert meine Ausführungen nicht
sorgfältig genug gelesen oder nicht verstanden hat, weil ich mich bei dem
beschränkten Raume so kurz fasste. Ich verweise ihn auf meine Bemerkungen

zog ich den natürlichen Schluss, dass bei der Seltenheit des
Namens Gulkishar und in Anbetracht dessen, dass das Seeland eine babylonische Provinz war (die auch späterhin noch
einmal eine neue Dynastie lieferte), beide Gulkishar *aller
Wahrscheinlichkeit* nach dieselbe Person seien. Positiver darf
man sich zur Zeit überhaupt nicht ausdrücken. Wüssten wir
etwas mehr von den Herrschern der zweiten Dynastie, so
könnte man natürlich Gulkishar als Operationsbasis wählen,
um mit Hülfe der chronologischen Notiz unserer Urkunde
definitiv nachzuweisen, dass Nebukadrezar der Begründer der
Dynastie von Pashe gewesen sei. Wie die Sachen nun aber
einmal liegen — dass wir nämlich, abgesehen von den Namen
der Herrscher aus der Königsliste, die wir noch nicht einmal
richtig lesen können, und der Notiz in dem von mir veröffentlichten Texte, rein gar nichts[1] von der zweiten Dynastie

In O. B. I. 1) p. 39, dass die Keilschrift des Documentes nicht nur auf die Pashe-
Dynastie im allgemeinen führe, sondern speciell sich (in hervorragender Weise
gerade für charakteristische Zeichen I) mit denen des Freibriefs Nebukadrezar's I
aufs innigste berühre. Da sich jeder selbst leicht davon überzeugen kann, wenn
er Zeichen für Zeichen vergleicht, muss ich auch heute darauf verzichten, alle die
gemeinsamen Zeichen hier aufzuzählen. 2) pp. 39, 43 auf die in verschiedenen
Documenten jener Zeit genannten identischen Persönlichkeiten und auf die daraus
sich ergebenden logischen Folgerungen. 3) dass es nicht wahrscheinlich ist, dass
in einer Dynastie von nur 11 Herrschern, von denen 8 bekannt sind, ohne dass 2
einen identischen Namen haben, die übrigen 3 einen Namen gehabt haben sollen,
den bereits ein anderer von den 8 bekannten führte (p. 44, note 3). 4) dass der
Umstand, dass unser Document nicht bis auf Bêlnâdinapli rechnet, sondern bis
auf Nebukadrezar darauf hinweist, dass dieser Nebukadrezar eine besondere
berühmte Person gewesen sein muss, als der uns eben jener (andere) Nebukadrezar I (pp. 41 f.) bekannt ist. Man wolle doch nicht an mich das ungerechte
Verlangen stellen, dass ich mehr als sehr starke Wahrscheinlichkeitsgrunde aus dem
spärlichen Material bringen soll. Wie viel, oder besser gesagt, wie herzlich wenig
ist denn überhaupt in unseren Babylonischen Geschichtswerken mit mathe-
matischer Sicherheit erwiesen und kann je erwiesen werden !

[1] Dass die von meinem gelehrten Freunde Hommel in P. S. B. A., November
1893, pp. 13-15, jüngst vorgetragene Ansicht, der Text no. 26 meiner O. B. I.,
pl. 15, rühre von dem ersten Könige der zweiten Dynastie von Babylon her,
unhaltbar ist, werde ich weiter unten in Aufsatz VI unter "König AN-MA-AN
der Königsliste und Fürst AN-A-AN von Erech" nachweisen.

wissen — muss es vor der Hand bei der von mir eingeschlagenen Methode bleiben, dass wir von Nebukadrezar ausgehen (da
wir von ihm doch schon mancherlei wissen), seine Stellung in
der Dynastie aus politischen und anderen Gründen wahrscheinlich zu machen suchen und erst dann die chronologische Notiz
der Urkunde verwerten.

Einen eingehenden Nachweis der absoluten Unmöglichkeit
von Oppert's Anordnung der einzelnen Herrscher der Pashe-
Dynastie, wie er dieselbe in *Z. A.* VIII, p. 363 ff. versucht hat,
halte ich heute um dessentwillen für überflüssig, da ich auf die
ganze Frage an einem anderen Orte (wie in *O. B. I.* p. 37 bemerkt ward) zurückkommen werde, und weil sie Knudtzon's
neue Publication der Königsliste zum Teil bereits widerlegt
hat. Denn Peiser's Vorschlag, 132 als Summe der Jahre dieser
Dynastie zu lesen, den ich in *O. B. I.* acceptierte, findet damit
seine willkommene Bestätigung auch monumental. Oppert's
Theorie ist also auch hier auf falscher Praemisse aufgebaut.

12. *bût eklt ŝaB, ŝaT, iŝŝima* — "er nahm den Grenzstein
der Felder von Blt-Sinmâgir im Meerlande hinweg." In dieser
und der folgenden Zeile ist Oppert manches dunkel geblieben.
Zunächst liest er gegen Ende von l. 13 *ŝa-ŝi-ma*, das er in
Comptes rendus mit "illi" wiedergiebt, also als Pronomen auffasst, während er in *Z. A.* die falsche Lesung beibehält und die
Zeile "quae ad Oram pertinet" übersetzt. Das *ŝa* zu Anfang
von l. 13 dient natürlich, wie so oft, dazu, den Genitiv localis
zu bezeichnen (cf. z. B. *Annalen Aŝur-nâṣir-apal's*, col. II, 110),
"Blt-Sinmâgir im Seelande." Wie ich in *O. B. I.* p. 39 bemerkte, lernen wir aus dieser Stelle ein neues "county" der
babylonischen Provinz "das Seeland" kennen. Für die übrigen soweit bekannten Staaten des eigentlichen Kaldi-Landes
cf. Winckler, *Untersuchungen*, p. 51 f.

Oppert hat den Anfang von l. 12 nicht zu entziffern ver-
mocht, obwohl die Spuren über die Ergänzung zu *SAG* keinen
Zweifel lassen können. Überdies gestattet uns die demselben

unbekannt gebliebene Parallelstelle auf dem *Londoner Grenz-steine* no. 103, col. II, letzte Zeile (Belser in *B. A. II* p. 191), hier mit absoluter Sicherheit zu sprechen. Das Ver-ständniss der letzteren ist auch Peiser verschlossen geblieben (in Schrader's *K. B.* vol. III, 1, p. 157), da er übersetzt : "die Seite jenes Ackers ist bezahlt " (?). Für eine zweite Parallel-stelle verweise ich auf *O. B. I.* part II, wo ein neuer Grenzstein aus der Zeit des *Marduk-aḫê-irba*, Königs von Babylon,[1] ver-öffentlicht wird, auf dem wir col. I, 20 (sich auf das engste mit der eben besprochenen Stelle berührend) lesen : *išpurûma SAG eḳli iš-ḫu-ma*. Das letzte Wort auf col. II des Londoner Grenzsteines no. 103 ist also zu [*iš*]-*ḫi-ma* zu ergänzen. Das Zeichen *ḫi* ist (gegen Peiser) sicher, wie auch aus der Singular-form *uḫr-ma* (col. IH, 2) resultiert. Was bedeutet aber die Redensart, wie ist vor allem *SAG* zu lesen?

1) Die Parallelstelle auf dem Londoner Steine giebt uns die erste Andeutung zu einem richtigen Verständniss. Trotz der

[1] Aus palaeographischen und anderen Gründen jedenfalls der Dynastie von Pashe angehörig. Mit diesem neuen Namen ist die Lücke der Königsliste um ein welteres Stück ausgefüllt. Entweder war der König einer der noch fehlenden drei Herrscher dieser Dynastie, oder — was mir wahrscheinlicher scheint — der neunte der Reihe, der ja mit Marduk anfing, wenn andern Delitzsch Recht behält, dass der zweite Bestandteil des Namens "nicht *šir*, dagegen vielleicht *nu*, viel-leicht auch *šil* sein" kann. Cf. *Assyriologische Miscellen*, p. 187. Der Text ist auch anderweitig von Interesse. Da er z. B. die phonetische Schreibung *Ka-an-di* als Namen eines Kassiten enthält, dürfte die Lesung *Kan-daš* resp. *Kan-de* (statt *Gan*) für den Stifter der dritten babylonischen Dynastie ziemlich sicher sein. Neben einem *Kallû* (Eigenname) wird hier ein Chabirāer (*Ḫa-bi-ra-ai*) erwähnt. Dieser Umstand macht Jastrow's Annahme (*American Journal of Biblical Litera-ture*, vol. XI, pp. 95-124), dass die *Ḫabiri* der El-Amarna Tafeln mit dem Hebräischen Stamme עברי zu identificieren seien, unmöglich und erhebt Halévy's Hypothese fast zur Gewissheit, dass die auch auf den El-Amarna Tafeln neben den *Kali* erwähnten (Berlin, 103, 31 und 33) *Ḫabiri* mit den ersteren verwandt sind, d. h. eben mit den babylonischen Kassiten zusammengehören. [Soeben kommt die jüngste Nummer von *Recueil de travaux*, vol. XVI, in Philadelphia an und wird mir von meinem Collegen Jastrow in liebenswürdigster Weise sofort zur Verfügung gestellt. Ich ersehe daraus, dass auch Scheil, p. 32 f. diesen Text be-handelt und zum Teil dieselben Schlussfolgerungen zieht. Neben mehreren anderen ist ihm l. 14 (den Königsnamen enthaltend) obscur geblieben.]

34   ASSYRIACA.

Verstümmelung desselben auf col. II geht Folgendes daraus
hervor : Der Besitzer eines Grundstückes [welches ursprünglich einem gewissen *Takil-ana-ilišu* (= " vertrauend auf seinen
Gott ") gehört hatte, aber nach dessen Tode an seinen Bruder,
eben jenen damaligen Besitzer übergegangen war] klagt wegen
10 *gur* " Saatfeld," welches von einem gewissen *Bêlâni* gekauft
worden war, aber ursprünglich jedenfalls zu jener Besitzung
gehörte, und nicht hätte verkauft werden sollen. König
Rammân-šum-uṣur (vielleicht auch mit Peiser *Rammân-nâdin-
šumu* zu lesen), um eine gerechte Entscheidung zu fällen,
sendet einen Commissionär in Begleitung des Klägers ab.
"Dieser brachte das *SAG* jenes Feldes und stattete dem
König *Rammân-šum-uṣur* seinen Bericht ab." Daraufhin erteilt der König die 10 *gur* Saatfeld dem Kläger. Zu gleicher
Zeit erteilt der König einem Beamten von Nippur den Auf-
trag, das *kunuk šîmi ekli,* also die Thontafel, welche beim
Kauf ausgestellt, vor Zeugen versiegelt und natürlich in den
Besitz des Bêlâni als des Käufers übergegangen war, herbeizu-
schaffen. Die Söhne Bêlâni's bringen sie (*iš* ist sicher gegen
Peiser !), und auch sie wird dem Kläger übergeben; jedoch löst
derselbe das Feld regelrecht aus, indem er den Söhnen des
Bêlâni volle Entschädigung zahlt. Aus diesem Texte ergiebt
sich also, dass das *SAG ekli* transportierbar war, dass es als
Zeugniss bei Klagen dienen konnte, um frühere Gerechtsame
nachzuweisen, dass es eine Thontafel aber nicht war, da es
davon unterschieden wird. Daraus schliesse ich, dass wir darin
den Grenzstein zu sehen haben, auf dem der ursprüngliche
Thatbestand über die Ausdehnung des Feldes, seinen Besitzer,
etc. eingeschrieben war.

2) Dieses Resultat findet an unserem Texte selbst seine
Bestätigung. Um den Zusammenhang zu verstehen und das
Vergehen des Statthalters, das ja offenbar in den Zeilen 9–15a
erzählt wird, zu begreifen, müssen wir die in ll. 13–15 erhaltenen drei Verba im Zusammenhang mit jenen Handlungen

prüfen, welche zu vollziehen am Schluss aller bekannten
Grenzsteine die Beamten ausdrücklich gewarnt werden. Es
ist von vorn herein wahrscheinlich, dass wir den drei Ausdrücken dort entweder wörtlich oder annähernd so begegnen.
Die Verba sind *iłłi – iqṣuṣ – ana pi̧ḫdti uḷḷr.* Und in der That
lesen wir z. B. III R. 41, col. II (nur in umgekehrter Reihenfolge, weil dort vom grösseren zum kleineren fortgeschritten
wird, genau wie auf unserem Steine oben, Rand und Rev.
ll. 1–2) l. 10 *ndra annd ušałłû* l. 6 *kiṣṣata niłirta iłakkanu*
l. 2 *ana pi̧ḫdti utarru.* Ähnlich in III R. 43 und in anderen
Texten. Die drei Hauptverbrechen, in die sich alles andere
erwähnte leicht eingliedern lässt, sind 1) das Entfernen oder
Verrücken des Grenzsteines, 2) die damit Hand in Hand
gehende Beschädigung der Grenze, also Verkleinerung und
Zerstücklung des Feldes, 3) das daraus resultierende und
damit beabsichtigte Annectieren fremden Eigentums. Diese
drei Handlungen erwarten wir billiger Weise auch in unserem
Texte, zumal die Verba offenbar auf jene Warnungen der
Grenzsteine Bezug nehmen, zum Teil geradezu mit den daselbst
gebrauchten Phrasen identisch sind. Denn *ana pi̧ḫdti turru*
stimmt genau auf beiden überein ; *kiṣṣata niłirta iłakkanu* ist
augenscheinlich auf dem vorliegenden Steine durch l. 14
[*ni-łi-*]*er ełri ikṣuṣ* beabsichtigt, und *ndra annd nłałłu* (wofür
wir Grenzstein no. 103, col. V, 39–42 *kudurri ęḳli łu'dtu
ušakkaru* lesen) entspricht jedenfalls (in Übereinstimmung mit
dem unter 1 Bemerkten) den Zeilen 12–13 unseres Textes :
SAG ęḳlł .... iłłi. Setzen wir demgemäss die als wahrscheinlich gewonnene Bedeutung von *SAG* = "Grenzstein"
ein, so erhalten wir die logisch richtig aufeinander folgenden
Handlungen 1) ll. 12–13: Ekarra-ikłsha hat den Grenzstein
hinweggenommen, 2) l. 14 : hat darauf Verstücklung des
Feldes vorgenommen, indem er einen Teil abtrennte, 3) hat
diesen losgetrennten Teil saecularisiert. Wir sehen, von einem
"Abernten" (Oppert : "omnes segetes messus est" = "en

moissonna toutes les récoltes" et les adjugea au domaine pro-
vincial) ist nicht die Rede. Die Spuren auf meiner Copie und
dem Original machen die Lesung *mimma* Oppert's in Obv. 14
überdies unmöglich, und Rev. 10 wird ja auch nicht berichtet,
dass der Statthalter das abgemähte Getreide wieder herausgab,
sondern vielmehr das Feld selbst, das er also zuvor geraubt
haben musste.

3) Unter den bekannten ideogrammatischen Werten von
SAG ist aber nur einer, der beständig in Verbindung mit Feldern vorkommt (cf. Belser in *B. A.* II, p. 134 f.) und zugleich
seiner Bedeutung nach hierher passt, nämlich *bâtu*, wie Brünnow, *List* 3511, sehr richtig transscribiert.[1] Es würde zu weit
führen, wollte ich die sehr verwickelte Frage über die Schreibung und Bedeutung des *bâd, bât, bu-ut-ti, bu-ti,* etc. der
babylonischen Contracttafeln an dieser Stelle behandeln. Um
allen geäusserten Meinungen gerecht zu werden, müsste eine
besondere Abhandlung — die sehr zeitgemäss und erwünscht
wäre — darüber geschrieben werden. Ich summiere daher nur
meine Resultate. Im grossen und ganzen stimme ich für die
sogenannten Contracte mit der von Tallquist (*Die Sprache der
Contracte Nabûnâ'id's*, p. 12 f.) vorgetragenen Ansicht überein, die wohl auch von Delitzsch (*B. A.* I, p. 206) vertreten wird.
Ich halte es zunächst für sicher, dass eine Masculinform *bâdu*
und ein Femininum *bâtu = bâttu = bâd-tu*, von derselben
Wurzel בוד "dazwischen sein" (Hupfeld) abgeleitet, als
"Urkunde" (mit ihren verschiedenartigen technischen Neben-
bedeutungen = "Vertrag, Quittung, Forderung," etc.) neben
einander in der babylonischen Contractliteratur vorkommen.
Zweifelhaft könnte sein, ob diese allgemeine Bedeutung
"Urkunde" als das "Zwischenglied zwischen zwei Personen,
Verbindung" (Tallquist) bezeichnet ist, oder ob dieselbe sich

[1] Gegen Delitzsch und Belser (*B. A.* II, p. 134 f.; *B.A.* I, pp. 203 und 205), welche, weil das Wort mit aram. אורך, אורך "Weite, Breite" identificierend, die Wurzel mit C ansetzen zu müssen glauben.

erst aus der "des Grenzsteines," als einer Urkunde, entwickelt
hat. Jedenfalls haben beide Wörter (masc. wie fem.) daneben
auch die Bedeutung "Grenze," so benannt als "das zwischen
zwei Feldern liegende." Diese Bedeutung findet sich besonders häufig in den historischen Inschriften, in der Redensart
ina bûd, wo man gewöhnlich "gegenüber" (Peiser in Schrader's *K. B.* I, p. 154 : *ina pu-ut*) oder "am Eingang" (Delitzsch,
A. G. § 81 : *pu-ut*) übersetzt, z. B. *Salm. Mon.* col. I, 25 : *ina
bûd âlišu* "an der Grenze, am Rande, *i.e.* vor seiner Stadt,"
besonders III *R.* 5, no. 6 : *Sanfru ubân šadê ša bûd Labnâna*
"der Sanir, ein Berggipfel an der Grenze (am Rande) des
Libanon." Als fem. kennen wir das Wort aus Hunderten von
Stellen, wo von der "Breitseite eines Feldes" die Rede ist.
Wie, fragt man, ist das Wort zu dieser Bezeichnung als *terminus technicus* einer bestimmten Grenzlinie gekommen? Wo
immer *bûtu* diese Bedeutung hat, steht es der Regel nach in
Verbindung mit *šiddu,* und zwar im Gegensatz dazu. Cf. darüber Belser in *B. A.* II, p. 134 f. Indessen auch *šiddu*
bedeutet ursprünglich nicht, wie Belser annimmt, die Langseite
eines Feldes, im Gegensatz zu dessen Breite, sondern "Länge,"
überhaupt, kann demnach von irgend etwas, das eine solche
hat, also auch von der Breitseite eines Feldes, die ja ihre Ausdehnung in die Länge hat, gebraucht werden. Besonders lehr-
reich ist hierfür Peiser, *Keilschriftliche Actenstücke*, I, 17 und
19, wo *UŠ = šiddu* von allen vier Seiten des Feldes gesagt
wird. Cf. auch die von Belser citierte Stelle II *R.* 38, 4-7d.
Frühzeitig verwertete man jedoch *šiddu* zur Bezeichnung einer
bestimmten "Länge," nämlich im Gegensatz zur *Breite* eines
Gegenstandes für dessen Langseite, während *bûtu* nunmehr als
terminus technicus für "die zwischen zwei solchen Langseiten
befindlichen Grenzen," d. h. ihre "Breitseiten," gebraucht
wurde.

Neben der mehr abstracteren Bedeutung "Grenze, Rand,
Seite," und besonders die "Breitseite" eines Dinges, hatte

das Wort aber noch eine concretere (vielleicht ursprüngliche) Bedeutung, nämlich den zwischen zwei Feldern aufgestellten "Grenzstein" oder "Grenzpfahl." In anderen Worten, wir haben die beiden Bedeutungen "Grenze" und "Grenzstein" in *bûtu* ebenso vereinigt, wie sie uns für *kudurru* längst bekannt sind. Dieses ergibt sich auch aus den ursprünglichen Bildern der für *bûtu* gewöhnlich gebrauchten Ideogramme. Durch *SAG* wird es als der oben zugespitzte "Grenzpfahl" (das oberste Zeichen in Amiaud et Méchineau, *Tableau Comparé*, no. 221, muss nach rechts herum aufrecht gestellt werden) bezeichnet, durch *ZI* (Brünnow, *l. c.* 2307) als der (aufrechtstehende) "Rohrzaun."[1] *ZAG* (Brünnow, *l. c.* 6487 f.), das durch *bâdu* und *bûtu* nacheinander in v R. 29, 55 und 56 a erklärt wird, bezeichnet die "Grenze" offenbar nur als "die Seite" eines Gegenstandes (das ursprüngliche Bild ist mir nicht klar). Aus alle dem dürfte hervorgehen, dass die in meiner Übersetzung für *bûtu* angenommene Bedeutung "Grenzstein" gerechtfertigt und durch Parallelstellen begründet ist.

15. *Ana piḫâti uttr* = "er brachte wieder an die Statthalterschaft," d. h. "er saecularisierte das Feld" (Jensen). *Piḫâti* ist mit seinem gewöhnlichen Ideogramme *NAM* geschrieben. Da das correspondierende Keilschriftzeichen an anderen Stellen (besonders in assyrischen Texten) vielfach *šîmtu* zu lesen ist, kommt Belser (*B. A.* II, p. 153) zu der Überzeugung, dass man auch für die obige Redensart bei "der üblichsten Bedeutung von *NAM*, nämlich *šîmtu* = Bestimmung, Schicksal stehen bleiben" und demgemäss *ana šîmti turru* oder *manû* mit "dem Schicksal überlassen" (s. v. a. unser deutsches "preisgeben") wiedergeben solle. Zur Begründung seiner Ansicht verweist er auf "die Sinn-Parallele" IV R. 45, 17, *ana šaḫlukti imanû* "der Vernichtung, dem Verderben preisgeben." Diese im

---

[1] Cf. das Ideogramm für *kudurru*, das bereits von Flemming, *Nebukadnezar II,* p. 23, richtet als "Grenzpfahl" (*NIN-GUB*, Brünnow, *l. c.* 12068, eigentlich als etwas "Aufrechtstehendes" oder "Festgesetztes") erklärt wurde.

bewussten Gegensatz zu Joh. Jeremias' richtiger Übersetzung
(*B. A.* I, p. 277) aufgestellte und von Jensen (*Z. A.* VIII, p. 221,
Anmerk. 4) noch als möglich anerkannte Auffassung ist aus
folgenden Gründen definitiv aufzugeben :

1. Belser's Vergleich von III *R.* 41, col. II, 2 mit IV *R.*
45, 17 [1] hinkt. An letzterer Stelle ist von einem *Gedenk-
steine* die Rede, der nicht vernichtet werden, in III *R.* 41,
col. II, 2 dagegen (wie an unserer obigen Stelle) von einem
Stück Land, an dem nichts Gesetzwidriges verübt werden
soll. Der Abschnitt, mit dem die Stelle aus IV *R.* wirklich als "Sinnparallele" gelten muss, folgt erst col. II,
9-12. Dass aber auch die Redensarten selbst, ohne
Bezugnahme auf ihre verschiedenen Objecte, sprachlich
keine "Sinnparallele," also *ana šîmti manû* nicht synonym
von *ana šaḫluḳti manû* sein kann, lässt sich ebenfalls
leicht erweisen.

2. Ohne Zweifel hat sich nämlich Belser zu seiner Auffassung dadurch verleiten lassen, dass *šîmtu* in manchen
Redensarten vom menschlichen Tode gebraucht wird, so
z. B. wenn wir Strassmaier, *Nabonidus* 356, 23 lesen
muta'a šîmtum ûbil "meinen Mann raffte das Geschick
(= Tod) hinweg" oder *ûmu Nâdinu ana šîmtum ittalku* [2]
"wenn Nâdin gestorben ist" (Strassmaier, *l. c.* 380, 5).
Aber *šîmtu* kann hier frei durch "Tod" (und noch
freier wohl auch durch "Verderben") übersetzt werden,
nicht sowohl weil der Tod die Vernichtung, das Verderben
des physischen Lebens ist, als vielmehr, weil er das allen
Lebewesen von den Göttern festgesetzte *gemeinsame
Schicksal*, d. h. ihre *Bestimmung* κατ᾽ ἐξοχήν ist. In Wahrheit behält also auch hier *šîmtu* seine etymologisch allein
zu rechtfertigende Bedeutung "Bestimmung, Geschick."

[1] Alte Ausgabe — IV *R.*[1] 39. Rev.
[2] Das *u* ist notwendig (gegen Peiser, *Babylonische Vorträge*, p. 36, Anmerk. 2),
da das Verbum im verkürzten Relativsatze (= ûmu ša *N. ittalku*) steht.

Wird das Wort aber ausserhalb dieser einen Redensart
(wo das allgemeine Wort "Geschick" von vielen
Sprachen an Stelle des bestimmten "Todes" euphemis-
tisch gesagt wird) gebraucht, so nimmt das an und für sich
neutrale *šimtu* zur näheren Charakterisierung seines In-
haltes (ob gut oder böse) im Assyrisch-Babylonischen der
Regel nach [1] noch ein Adjectiv oder eine andere Bestimmung zu sich. Cf. oben Rev. 18: *balâṭi;* v *R.* 3, 38 :
damiḳtim; v *R.* 64, col. I, 5 : *šarrûtu;* v *R.* 2, 21 : *mûši.*

Aus dem Gesagten ergiebt sich zweierlei, nämlich dass man
nicht wohl von einem Acker *šimtu* allein ohne nähere Angabe der Art dieses Looses sagen kann, weil ja nicht der
Äcker allgemeines Loos Verwüstung, als der ihnen bevor-
stehende Tod, oder Verderben ist, sondern vielmehr ihre
Ausnützung seitens der Menschen, besonders in dem
dichtbevölkerten und fruchtreichen Babylonien, wo jeder
Zoll für Ackerbau oder Viehzucht verwertet wurde. Es
erhellt aber auch, dass wenn man durchaus *ana šimtišina
turru (manû)* an obiger Stelle transscribieren will, man
diese Redensart nur übersetzen kann : "wer jene Äcker
ihrer Bestimmung übergiebt" (III *R.* 41, col. II, 2), in
anderen Worten, in Übereinstimmung mit der in den Urkunden getroffenen Bestimmung, "für alle Zeiten" sie
ihrem Eigentümer erhält, keinesfalls aber (indem man den
Begriff des "Verderbens" erst hineinschmuggelt) sie
ihrem Eigentümer wegnimmt. Denn das liefe ihrer ausdrücklich in der Urkunde angegebenen Bestimmung absolut zuwider. Eine solche Übersetzung wird aber durch
den Zusammenhang unmöglich.

3. Aber nach Belser ist *šimtu* als die üblichste Bedeutung des Ideogrammes *NAM* anzusehen, und dem keil-

[1] Natürlich nicht an solchen Stellen wie K. 5419, 8 ; I *R.* 54. col. II, 54-55 und
ähnlichen, wo die Rede ist, dass die Götter (oder eine bestimmte Gottheit) alle
Geschicke der Menschen — ob gut oder böse — bestimmen.

schriftlichen Gebrauch sollte eine gewisse Rechnung
getragen werden. Ich will hier unerörtert lassen, ob
Belser's Annahme betreffs des Gebrauches von *NAM* für
die Keilschriftliteratur im allgemeinen richtig ist, weil
diese unerwiesene Hypothese unsere gegenwärtige Untersuchung wenig berührt. Von relativer Wichtigkeit für
uns ist nur die Frage : welche Bedeutung hat *NAM,*
wenn es ideographisch gebraucht wird, in dem uns vorliegenden beschränkten Zweige babylonischer Literatur, in
den Kudurru-Inschriften und verwandten Texten? Sehen
wir uns nun daraufhin die veröffentlichten Kudurru-
Inschriften an, so kommen wir zu einem Resultate, das
gerade das Gegenteil von Belser's Behauptung beweist :
NAM findet sich 18mal[1] in denselben ideographisch
gebraucht, und zwar 17mal füt das Wort *pihâtu*[2] und
nur einmal (III R. 41, col. II, 17) für *Hmtu.* Natürlich
begegnen wir dem letzteren Worte öfters in den Kudurru-
Inschriften, aber es ist bemerkenswert, dass es sonst stets
phonetisch (und einmal *NAM-TAR*) geschrieben wird.
Ähnlich ist das Resultat für die mit dieser Classe von
Texten auf das engste zusammenhängenden Verkaufs-
urkunden von Grundstücken in Strassmaier's trefflichen
Publicationen (cf. auch Tallquist, *l. c.* p. xii, 4b), in denen
sich *Hmtu* nur phonetisch geschrieben, dagegen *pihâtu*

[1] Selbstverständlich habe ich die zwei Stellen nicht mitgezählt, an denen es im
obigen Zusammenhange, ons *NAM turru,* vorkommt, weil die Bedeutung dieser
Redensart zunächst noch als unerwiesen zu gelten hat und erst durch einen Vergleich mit anderen Stellen gewonnen werden soll.
[2] *Za'aleh-Stein,* col. II, 14; III R. 4), col. II, 4, 8, 23; col. III, 9; III R. 45,
No. 2, 3 und 4 (cf. Belser's Ausgabe in B. A. II, p. 163); IV R.² 38, col. I, 5, 17,
18; *Berliner Stein von Merodachbaladan II,* col. V, 3 (cf. Delitzsch in B. A. II,
264); *Grosser Freibrief Nebukadrezar's I,* col. II, 19 (im *kleinen* kommt es nicht
vor, ebensowenig wie im Michaux-Steine) ; ferner die von Belser (B. A. II, 165-
203) veröffentlichten *Grenzsteine* No. 101, col. I, 6; No. 102, col. IV, 8; VI, 21 ;
No. 103, col. III, 23, 42. In III R. 41 kommt es ausser in der fraglichen Redensart nicht vor.

entweder phonetisch (z. B. *Nabonidus* 178, 2 ; 203, 2) oder
mit *NAM* ideographisch (z. B. *Nabonidus* 116, 3 ; 964, 2 ;
Nabuchodonosor 135, 2) geschrieben findet. Ja, man darf
noch weiter gehen. Es ist mir aus den gesammten neo-
babylonischen Contract-Publicationen Strassmaier's und
Peiser's auch nicht eine Stelle bekannt, in der *NAM* als
Ideogramm für *šîmtu* stände, dagegen eine ziemliche Anzahl von Stellen, in denen es ideographisch für *piḫâtu*
steht.

4. Daraus dürfte sich zunächst ergeben, dass wir auch
für unsere Redensart, wenn sonst nichts dagegen spricht,
bei "der üblichsten Bedeutung von *NAM*" in Verkaufs-
und Schenkungsurkunden, ja in Contracten überhaupt,
nämlich *piḫâtu* (nicht *šîmtu*) stehen zu bleiben haben.
Diese Übersetzung wird aber geradezu gefordert durch eine
Betrachtung der zwei von Belser bereits erörterten Stellen
und der obigen durch *O. B. I.* hinzugekommenen, nämlich :
  a) In v *R*. 61, col. VI, 40 durch den Zusammenhang.
Es heisst dort : "wer (als Herrscher) die Schenkung
Königs Nabû-aplu-iddina einem andern schenkt,[1] *ana
NAM imanû*, oder sich selbst zuwendet." Das diesen
drei Sätzen gemeinsame Object ist das l. 35 f. an die
Spitze gestellte *nidinti šarri Nabû-aplu-iddina*.[2] *Manû*,
turru, *šarâku* stehen hier als Synonyma von einander, wie
an anderen Stellen. Es ist also von einem unrechtmässi-

___

[1] Das nun folgende *ina libbi akâlî nušurrâ ilškanu* ist dazu Châl-Satz i " (eben
dadurch) von den Speisen (nicht den von dem König jetzt erst gestifteten, sondern
von den Speisen, die der Gott überhaupt hat, und zum Teil schon vor des Königs
Schenkung besass, cf. col. II, 29–II, 16) einen Abzug machend," indem er die von
König Nabû-aplu-iddina geschenkten *ganz* fortnimmt. Denn *nušurrâ* will nicht
die vorhergehende Zeile beschränken im Sinne von "nicht einmal einen Teil
der neu geschenkten Speisen fortnehmen," sondern bezieht sich auf die Gesammt-
einkünfte des Gottes. Jeder folgende Herrscher wird gewarnt, den Gesammt-
einkünften des Gottes irgend welchen Schaden zuzufügen, indem er des Königs
Nabû-aplu-iddina Stiftung davon abzieht.

[2] Gegen Joh. Jeremias (*B. A.* I, p. 277, l. 40).

gen Schenken seitens eines Nachfolgers des Königs die
Rede an "einen andern, an *NAM* oder an sich selbst."
Was in aller Welt soll hier die mittlere Phrase, welche im
Gegensatz sowohl zur eigenen Person als einer andern
Person steht, anders bezeichnen als das "Zuerteilen an
den unpersönlichen Staat, resp. Fiscus"? Denn *NAM*
hat keine andere hierher passende Bedeutung.

b) In III *R*. 41, col. II, 2 durch die unmittelbar mit
lu-lu "sei es — sei es" ("entweder — oder") in ll. 3–5 angefügte Erklärung. Es heisst dort : "Ein Beamter, welcher jene Felder *ana NAM-šina utarru*, sei es (d. h. indem
er sie) einer Gottheit oder dem Könige oder dem Vertreter des Königs (d. h. dem Statthalter selbst) oder dem
Vertreter des Statthalters oder dem Vertreter seines
Rathauses oder irgend einem andern schenkt." Hier
besteht also das *ana NAM utarru* in dem gewaltsamen
Besitzergreifen eines Grundstückes seitens eines "Ober-
hauptes von Bit-Hanbi," d. h. in dem willkürlichen Missbrauch der einem Statthalter durch seine officielle Stellung[1] gegebenen Macht, indem er jenes Land annectiert
und darüber nach Gutdünken verfügt, sei es, dass er es
sich selbst, oder einem andern Beamten (ja irgend einem),
oder dem Staate (ausgedrückt durch dem Könige, als
dem Repraesentanten des Staates) oder einer Gottheit
schenkt." In anderen Worten das *ana NAM turru* hat
abermals mit einem Machthaber, als dem Herrn des *pihātu*=
"Bezirkes," in dem die Felder liegen, zu thun ; und wie
in der andern Stelle gestaltet sich dieses *turru* abermals
als ein ungesetzmässiges Verfügen, Schenken. Nur wird

---

[1] Von einer Privatperson wird die Redensart nie gebraucht, obwohl doch, wenn
Belser's Übersetzung richtig wäre, irgend eine Person gelegentlich einmal irgend
eine Sache "preisgeben" könnte. Aus diesem Grunde kann nicht wohl in der
Zeile am Rande der Inschrift Bêl-nâdin-apli's (cf. oben die Transliteration) *manama*
(Oppert), gestanden haben, sondern ein Berufsname muss als Subject ergänzt
werden.

der Begriff noch erweitert. Der Statthalter begnügt sich
nicht damit, das Land in seiner Machtstellung für den
Staat einzuziehen, sondern er geht einen Schritt weiter
und verfügt darüber wie über persönliches Besitztum.
Man sieht, von einem preisgeben im Sinne von "verderben"
ist auch hier nicht die Rede.

c) An unserer Stelle durch die **Thatsache.** Im obigen
Texte ist der Fall eingetreten, dass die That des *ana
NA.M turru* wirklich begangen ist. Ein Statthalter ist
der Schuldige, genau wie wir nach dem Bisherigen erwarten, und die That wird dadurch wieder gesühnt, dass
der Statthalter [1] das annectierte Feld seinem früheren
Besitzer herausgeben muss. Daraus dürfte sich doch
ergeben, dass die Missethat des *ana NA.M turru* eben in
diesem gewaltsamen Besitzergreifen des Statthalters be-
standen hat.

15. *eltarâtu* " die Göttinnen," vom Singular *eltaritu* S. 954,
Obv. 4 ; cf. *Asurban.* col. IV, 88. Gewöhnlicher ist der Sin-
gular ohne feminine Endung *ittar*, z. B. v *R.* 34, col. II, 54.
Cf. Zimmern, *Babyl. Busspsalmen*, p. 40.

16. *Litsâsû* — "sie mögen ihm beistehen." Zu dem *â* —
Vokal (an Stelle des zu erwartenden *û* = Vokals), der sich
besonders gern in den Wunsch- und Fluch-Formeln der In-
schriften findet, cf. ll. 18 und 20 ; ferner Hilprecht, *O. B. I.*
pl. 2, ll. 20, 23 ; Inschrift des Königs von Guti (Winckler in
Z. A. IV, p. 106 ; Hilprecht, *O. B. I.* pp. 12–14 ; Jensen in
Z. A. VIII, p. 238–241), ll. 23, 26, und Delitzsch, *A. G.* § 90, c.
Litsâ ist durch Synkope aus *litâsâ* entstanden, wie *atrad* [2]
(*Salm. Obel.* l. 88) aus und neben *at-ta-rad* (*ib.* l. 101), *atnen*
(v *R.* 62, col. 1, 26) aus *atâncn* — *utannen*, *usbâkûni* (— *usbâku* +

---

[1] Sowohl der Missethäter selbst als dessen nächster Vorgesetzter, der Gouver-
neur der Provinz des Meerlandes, innerhalb deren Bit-Sinmâgir als ein "county"
liegt, erhalten den Befehl, den *status quo* wiederherzustellen.

[2] Nach Winckler in Schrader's *K. B.* I, p. 138, Anmerk. soll hier wieder ein
Versehen des Schreibers vorliegen.

ni, Salm. Obel. I. 147 und öfter) aus *usubâku — ussubâku — ut-
subâku — utšubâku — uldšubâku — utaššubâku* (Permansiv II₂).[1]
Bekanntlich ist diese Synkope eines betonten kurzen *d* im
Infinitiv-Permansiv und Imperativ des Stammes I₂ etwas ganz
gewöhnliches, sie ist aber gelegentlich auch in die anderen
Formen eingedrungen. Cf. Delitzsch, *A. G.* § 88, b; 104, Anmerk. zu II₂, und § 37, Ende.[2] Als Beispiele dieser Synkope
sind vielleicht auch einige Formen zu betrachten, welche von
Delitzsch anders aufgefasst sind. Derselbe bemerkt ziemlich
gegen Ende von *A. G.* § 100: "Von *utšziz* aus scheint dann
wieder ein Infinitiv *uzuzu* "stehen" und ein Particip *muzziz*
gebildet worden zu sein." Ich glaube aber kaum, dass mein
um den Auf- und Ausbau der Assyrischen Grammatik so hoch
verdienter Lehrer und Freund mit dieser Erklärung das Richtige getroffen hat. Ich wenigstens halte diese Art der Bildungen für unmöglich und erkläre *uzuzu*[3] entstanden aus *uzzuzu —
utzuzu — utdzuzu — utazzuzu,*[4] also Inf. II₂ und *muzziz — mutziz
— mutdziz — muttdziz* (also Synkope von *a* mit gleichzeitiger
Aufgabe der Verdopplung des vorgehenden Consonanten,
Delitzsch, *A. G.* § 37, c), als Particip I₂ resp. *= muttazziz* (Parti-

<hr>

[1] Nach Abel und Winckler, *Keilschriftexte* (Wörterverzeichnis) wäre die
Wurzel צוק *= abâku !!*

[2] Doch möchte ich nicht mit Delitzsch an letzterer Stelle *Synkope eines langen
Vocals* annehmen, weil ich mir nicht recht vorstellen kann, dass ein betonter langer
Vocal im Assyrischen ganz verschwinden kann und ziehe es daher vor, von der
Form *ulašuiš — ulašuiš* ausgehend, zwei verschiedene Bildungen anzunehmen,
einerseits mit Auflösung der Verdopplung und Verlängerung des vorhergehenden
Vocals *uldziš = ulšiz,* andererseits mit ungenauer Schreibung, resp. Aufgabe der
Verdopplung aber Beibehaltung des kurzen Vocals *uldziš = ulziz.* In gleicher
Weise entwickle ich die Form *rámnu* nicht aus *rámâ(î)nu,* sondern aus *rámannu =
rámdnu = rámnu,* etc.

[3] Es findet sich z. B. auch in dem schönen Istar-Psalm *S.* 954 (Delitzsch,
*A. L.*⁴ p. 134. ff.), wo es heisst 1. *Nir lamê(e) ld kima ûâlim inu nâtim nappâ*
(Permansiv IV, 1 von סרי) *attima,* 2. *iltaritum ina irpili ina usuziki,* 3. *la kima
irpitim lutagal attima,* 4. *bâli rull kitti ikdrabki,* 5. *ana bit amêlim ina erêbiki,* etc.
Für die folgenden Zeilen cf. Jensen, *Kosmologie,* p. 489.

[4] Für den Wegfall des ; in den Infinitiven I₂ und II₂, cf. Delitzsch, *A. G.*
§ 49, Ende.

cip II₂), wozu auch die Bedeutung "sich stellen" (Reflexiv
des Pa'el) = "treten" passt, — oder vielleicht als Pa'el-Formen
= *uzzuzu*, resp. *mu(a)zziz* gebildet nach Analogie der Verba
primae gutturalis.[1]   Die Wurzel, zu der *litsâ* als I₂ gehört, ist
asû, אסה = "helfen, heilen, unterstützen," wovon *âsû* "der Artz"
(Delitzsch in *B. A.* I, 219), *âsîtu* "die Ärztin" (Beiname der
Gula, in ווו *R.* 41, col. II, 29): *âsîtu gallatu* "die grosse Ärztin"
(cf. darüber Belser in *B. A.* II, p. 147), wovon auch *usâtu* "Hülfe"
(*fu'âl*, als das Product der Handlung), gern zu Bildungen von
persönlichen Eigennamen verwertet, cf. *Bêl-usâtu* (Strassmaier,
Nabuchodonosor 58,9)oder mit Abwerfung der Nominativendung
ibidem 54, 14.   Die Wurzel אסה liegt auch einem Worte
zu Grunde, dem wir wiederholentlich im Assyrischen und
Babylonischen begegnen, das aber gewöhnlich anders erklärt
wird, ich meine die Praeposition *is-si*, geschrieben auch *i-si*.
Delitzsch hält dies Wort offenbar für identisch mit *itti*, wie aus
seinem Hinweis auf die *vielleicht* auch im Assyrischen einst
vorhanden gewesene Aussprache von כותבֿת als Spiranten
(§ 43) hervorgeht.   Ich will die Möglichkeit der zuerst von
Haupt aufgestellten Hypothese nicht bestreiten (cf. Meissner,
Altbabyl. Privatrecht, p. 107, no. 9), bestreite aber auf das
entschiedenste, dass irgend eines der von Haupt-Delitzsch-
Pinches aus den Assyrischen Inschriften angeführten Beispiele,
in denen sich "ab und zu die historische Schreibweise zu
Gunsten der lebendigen Aussprache durchbrochen" haben soll,
beweiskräftig ist.   Schon der Umstand, dass *ma'assu* gerade bei

[1] Das letztere halte ich jedoch aus demselben Grunde für unwahrscheinlich,
den Delitzsch gegen die Auffassung von *uldiu* als Analogiebildung (§ 100, cf.
§ 52, Anmerk.) geltend macht.   So lange man eine Form ohne Zuhülfenahme der
Analogie erklären kann, ist es jedenfalls das sachgemässeste, sich derselben zu
enthalten.   Jastrow's Annahme eines Infinitivs *usâtu* (das *u-su-at-su* IV *R.* 5,
col. I, 67 steht vielmehr in halber Pausa, Delitzsch, *A. G.* § 53, c) ist unberechtigt
(*A Fragment of the Babylonian "Dibbarra" Epic*, p. 22).   Und der Inf. Pa'el
"ought" *not* "to be written *usruzu*," sondern *uzzuzu*.   Cf. die Permanalvformen
nussuku, nummuru in Melsner und Rost, "*Die Bauinschriften Sanheribs*," p. 12,
ll. 15 und 16.

Asurbanapal, also in der Blütezeit assyrischer Literatur, vorkommt (nicht aber bei Asurnasirapal oder in solchen anderen Texten, wo uns das Vulgär-Assyrische besonders entgegentritt), hätte dessen Gleichsetzung mit *ma'attu* = *ma'adtu* verhindern sollen. Gegen *issi* = *itti* speciell spricht der Umstand, dass das Wort sowohl bei Asurnasirapal als in IV R.^{2} 61 in demselben Texte mit *itti* vorkommt, dass auch in der Briefliteratur, wo es sich am häufigsten findet, beide neben einander gebraucht werden. Die bekannte Stelle IV R.^{3} 61, 22-23, b, welche gewöhnlich gelesen wird: 60 *iláni rabûti is-si-ia it-ti balâtsu ittaşşarûka* = "60 grosse Götter, meine Helfer (= *tikli'a;* im Singular weil Apposition, Delitzsch, A. G. § 124) werden (ein jeder) mit seinem Leben Dich beschützen" bleibt besser hier unberücksichtigt, da gerade an Stelle von *issi'a itti balâtsu*, wo *issi* und *itti* unmittelbar nebeneinander stehen würden, eine ganz andere Transscription (für *itti balâtsu*) möglich ist. Die einfachste Erklärung bleibt jedenfalls, dass *issi* genau so von אמה gebildet ist, wie *itti* von אתה (Delitzsch, *Prolegomena*, p. 115). Bedeutet *ittitu* demgemäss ursprünglich "seine Seite," i.e. "an seiner Seite, mit ihm," so bedeutet *issitu* zunächst "sein Helfer, sein Beistand," i.e. ebenfalls "mit ihm." Ebenso wenig beweiskräftig für die Aspirations-Frage sind natürlich die von Tallquist, *Die Sprache der Contracte Nabûna'id's*, p. 2 (unten) beigebrachten zwei Beispiele, einfach darum, weil die beiden Verbalformen überhaupt nichts mit der Wurzel הרה zu thun haben.

19. *Sanâti mîšari* kann hier kaum mit Oppert als "annos justitiae = années de justice" übesetzt werden, sondern dem Parallelismus wie Zusammenhang entsprechend, "Jahre des Gedeihens, Segens." Denn die Gerechtigkeit des Statthalters, etc., wird ja gerade im Gegenteil als Vorbedingung (col. II, 14) für den Genuss von *šanâti mîšari* gefordert. Die Bedeutung "Gedeihen" muss *mîšaru* auch an anderen Stellen haben, und sie entwickelt sich ebenso aus dem

Grundbegriff des "gerade seins," wie die gewöhnliche Bedeutung "Gerechtigkeit." Die segensreichen Jahre stehen
hier an Stelle der aus den neo-babylonischen Bauinschriften so
wohlbekannten Phrase *lu3bá littúti* oder *3ebé littútim*. *Mišaru*
besteht also darin, dass die Jahre in körperlicher Gesundheit
und im Genuss von äusseren Erfolgen hingebracht werden.
Eben darum thut Winckler sehr recht, wenn er in den von
ihm in Schrader's *K. B.* übersetzten Inschriften, *littútu* mit
le'û "stark sein" zusammenstellt, statt der herkömmlichen
Ableitung von *alâdu* (z. B. noch Bezold, *ibidem*, p. 75, l. 36).
Cf. zum allgemeinen Verständniss unserer Stelle t *R*. 69, col.
III, 38–39 und den Schluss der Prisma-Inschrift Sargon's.

21–24. Ich gebe Oppert vollkommen Recht, dass ich mich
in meiner Inhaltsangabe dieser Zeilen (*O. B. I.* p. 39) nicht
correct genug ausgedrückt habe, dass ich vielmehr statt "*malé-
diction*" hätte sagen sollen " une exhortation à hair le mal et
à aimer le bien." Aber wagte auch der Priester, aus Rücksicht gegen seinen Statthalter, nicht, einen Fluch hinzuzu-
setzen, indem er denselben in diplomatischer Weise zu einer
blossen Phrase abschwächte — in seinem Innern hat er sicher-
lich nach bekanntem babylonischen Muster ebenso herzlich
geflucht, als seine "Fachgenossen" in III *R*. 41 und 43 oder
auf dem Freibriefe Nebukadrezar's I. Denn er hatte doch
noch ganz andere Ursache dazu als jene! Über die Schreibweise *í* statt *ai* werden wir uns kaum mit Oppert wundern, da
vor der zweiten Person die Contraction von *ai* in *í* die Regel
ist. Cf. Delitzsch, *A. G.* § 144 und desselben *A. IV.*
p. 329 ff.

20. *í béli* = "o Herr," möglichenfalls auch *í béll* = "o
mein Herr " zu lesen, da der Text die Natur des letzten Vocals
nicht näher angiebt. Oppert liest *ítilni rubû nâdu nirtanišu*
"notre seigneur, le prince auguste, nous le venerons." Die
letzten Zeichen sind aber von Oppert, wie ich bereits in meinen
Fussnoten zur Stelle bemerkte, falsch aufgefasst. Dort steht

keine Verbalform, zu welcher der Anfang der Zeile als vorausgestelltes Object gehörte (wir können überhaupt gar keine gebrauchen, da sonst das *ša* zu Anfang von l. 22 unerklärt bliebe!), sondern vielmehr das Ideogramm für *šak(k)anakku*, dessen wahre Etymologie Jensen (*Z. A.* VII, p. 174) erschlossen hat. Der Schluss der Zeile muss daher unter allen Umständen lauten: *šakkanak-ni šu.* Damit erheben sich aber entscheidende Gründe gegen die Beibehaltung von *šilni* am Anfang der Zeile als Parallelausdruck von *šak(k)anakni.* 1) Jedermann wird ohne weiteres zugeben, dass der Ausdruck als Bezeichnung des sogenannten Statthalters (der Priester brauchte ihm ja keine Häufung von devoten Titeln zu geben, da er nicht zugegen war) "unser Herr, der erhabene Fürst, unser Statthalter" sehr schwerfällig wäre, besonders das zweimalige "unser." 2) Gegen eine solche Bezeichnung spricht weiter, dass der Vorsteher eines kleinen babylonischen Bezirkes (etwa eines "county") — dessen Stellung im allgemeinen mit der eines deutschen Kreisdirectors verglichen werden kann, der also selbst wieder dem Statthalter der Provinz (in dem sein District lag) untergeben war — nicht wohl als "erhabener Fürst" bezeichnet werden konnte und nirgends in der Keilschriftlitteratur so bezeichnet wird. 3) Dagegen spricht vor allem, dass die Bezeichnung "erhabener Fürst" ein beliebter Titel der babylonischen Könige ist, z. B. Nabopolassar (Hilprecht, *O. B. I.* pl. 32, col. I, 12), Nebukadrezar (1 *R.* 53, col. I, 3), Neriglissar (Budge in *P. S. B. A.* vol. X, col. I, 2), Nabuna'id (v *R.* 63, col. I, 2), auch der Herrscher der Paše-Dynastie (cf. *Freibrief Nebuk. I,* col. I, 1). Demgemäss sehe ich in dem Anfange der Zeile Vocative als Bezeichnungen des angeredeten Königs, wie wir sie sachgemäss in einer Anrede des Königs seitens des Priesters erwarten, und transscribiere *l bêli rubû nâdu,* übersetzend: "O Herr, erhabener Fürst." Wenn man mir entgegenhalten wollte, dass man bei dieser Annahme gleichwohl die Oppert'sche Lesung *šilni rubû nâdu* beibehalten

könnte, so ist darauf zu erwidern; 1) dass *ètilni* als Anrede
für Herrscher nicht gebraucht wird; 2) dass wir im Gegenteil
aus den Hunderten von assyrischen Driefen, die Harper kürzlich so vortrefflich zu edieren unternommen hat, wissen, dass
das stereotype Wort der Anrede von Herrschern *bèli* war, und
zwar genau so geschrieben wie hier *be-lì* (cf. Meissner, *Alt-
babylonisches Privatrecht*, p. 115, no. 21, 3); 3) dass kein
Grund vorhanden ist, anzunehmen, dass der Priester, der offenbar allein vor dem König erscheint, der Gewohnheit entgegengesetzt, in der Anrede die erste pers. plur. statt singul.
gebraucht haben sollte. *E bèli rubû nâdu* ist die natürlichste
und bestbegründetste Lesung. Diese Erkenntniss des wahren
Sachverhaltes ist aber auch in anderer Weise von grosser
Bedeutung, indem sie uns die richtige Analyse der assyrischen
Partikel *i* oder *ì*, die dem Imperativ (*ì tûr* = "o kehre wieder,"
82-9-18, 3737 (cf. Budge in *P. S. B. A.* Dec. 1887, plate 2),
ì rid = "o geh hinab," Haupt, *Nimrod Epos*, p. 69, 41) oder
der ersten Person Pluralis gelegentlich vorgesetzt wird, ermög-
licht. Ihre Existenz im Assyrischen wurde zuerst von Haupt
(*Andover Review*, July 1884, p. 98, Anmerk. 3) signalisiert.
Derselbe begnügte sich jedoch mit der allgemeinen Bemerkung,
"The prefixed *i* in *nînu ana alishu i-nillikshu* .... seems
to be a cohortative particle," und mit der Anführung einiger
Beispiele. Wie es scheint unabhängig von demselben, hatte
Delitzsch die Bedeutung dieses *ì* etwa gleichzeitig erkannt
(*Z. K.* II, p. 390 f. ; *Z. A.* I, p. 51; *Prolegomena*, p. 135,
Anmerk. 1; *A. G.* §§ 78 und 145; *A. W.* p. 333). Cf. seit-
dem ferner Jensen, *Kosmologie*, p. 336; Bezold, *Oriental Diplo-
macy*, p. 66. Delitzsch hat aber auch zugleich den ersten
Versuch[1] (*Z. K.* II, p. 390 f.) gemacht, den etymologischen
Zusammenhang dieser Partikel mit anderen zu ergründen.
Er gelangte zu dem Resultate, dass Assyr. *û, ô* = אִו "oder"
und *ì* (אִ) von demselben Stamme אִיה "wollen" herzuleiten

---

[1] Einen anderen siehe bei Kraetzschmar in *R. A.* I, p. 308.

seien, indem er für die Existenz dieser Partikel im Hebräischen
(cf. auch Bezold, *l. c.*) auf die schwierige Stelle Ezechiel 21, 15
verwies. Wenn man indessen "die unbefriedigenden Deu-
tungen der alten Übersetzer und die grundverschiedenen
Übersetzungen der neueren Erklärer (jener Stelle) an sich
vorüberziehen lässt" (Del. *Z. K.* II, p.
388); wenn man "das
Schwanken der Überlieferung zwischen אִי und אַי in Proverb
31, 4" und dementsprechend Ewald's Emendation von אַי in אֵי
der Ezechielstelle in Betracht zieht, wenn man nicht vergisst,
dass die assyrische Partikel der Aufforderung stets *î* oder *ê*
(nie *û* oder *ô*!) lautet, wenn man sich fragt, warum keines der
jüngeren Hebräischen Lexica, die jedes in ihrer Weise vortrefflich sind, weder das von Brown-Driver-Briggs (leider nur
erst weniges erschienen!), noch das von Siegfried-Stade von
Delitzsch's Vorschlag Kenntniss nehmen, so wird man zu dem
Resultat kommen, dass Delitzsch's Combination nicht be-
friedigt. Ich enthalte mich für diese Partikel jeder Etymologie,
da ich glaube, dass sie überhaupt keine Etymologie hat, dass
sie also ebenso wenig von einer Wurzel abzuleiten ist, als etwa
das arabische *a, ahî* — "ah!", *wai* — "wehe!", das Hebräische
אִי — "ah!", das Syrische *âh* — "ach!" etc. In anderen
Worten, ich sehe in dem Assyrischen *î, ê* ein blosses Aus-
rufewort, den unmittelbaren Ausdruck der Empfindung
(also "ursprünglich überhaupt gar kein eigentliches Wort,"
Nöldeke), welches dazu dient, die Aufmerksamkeit der an-
gerufenen Person auf die anrufende zu lenken. Es deckt
sich in seinem Gebrauch mit arabischem *jâ*,[1] mit dem es auch
lautlich (*î*—*jî*—*jê*—*jâ*) zusammenzufallen scheint. Demgemäss lässt sich aus den Spuren, welche die assyrische Inter-

[1] Dass arabisches *jâ*, ähnlich anderen Partikeln des Arabischen und anderer
semitischen Sprachen, daneben rein grammatische Verbindungen eingegangen ist,
also nicht mehr als reine Interjection gefühlt wird, kann uns natürlich nicht im
geringsten hindern, dasselbe ursprünglich ebenso als einen Empfindungslaut wie
das assyrische, oder das syrische *jâ* anzusehen. Cf. Nöldeke, *Syrische Grammatik*,
§ 62.

jection in der Keilschriftlitteratur hinterlassen hat, folgendes
Resultat gewinnen:

1. *ĕ* oder *ī* ursprünglich, wie arabisches *jā*, Ausrufe-
partikel allgemeiner Art, dient als **Vocativpartikel mit unmittelbar folgendem** *nomen*, daher *ĕ bĕli* = "o Herr." Cf.
für das Arabische de Sacy, *Grammaire Arabe*, tome II,
§§ 167-173. Dieser Gebrauch ist im Assyrischen jedoch
fast ganz verschwunden, da für gewöhnlich das *nomen*
ohne jede Partikel zum Ausdruck des Vocatives genügte
(cf. *bĕlum* = "o Herr !" 82-9-18, 3737, Obv. 17 und 21,
besonders die zahlreichen Vocative in den Gebeten, Psal-
men und Beschwörungsformeln). Im Arabischen dagegen
blieb die Setzung von *jā* die Regel, und nur unter gewissen
Umständen kann dieselbe unterlassen werden (De Sacy,
l. c. § 174). Das Assyrische berührt sich also im Nicht-
gebrauch einer Vocativpartikel viel näher mit dem
Aethiopischen, das seine Interjection *ŏ* der Regel nach
auch nicht zu dem Vocativ setzt. Cf. Dillmann, *Aethiop.
Gramm.* §§ 61, 142, 1.[1]

2. Wie arabisches *jā*, wird *ĕ* oder *ī* als **Vocativpartikel
mit Ellipse des Vocativs** gebraucht, indem derselbe als
bereits in der Verbalform (2. pers. oder 1. pers. pluralis
[wir = du + ich]) enthalten, aus dieser heraus zu der
Partikel ergänzt wird. Cf. De Sacy, *l. c.* § 935. Die
assyrische Partikel *ī* gehört also in Verbindungen wie
ī nillik nicht sowohl zu dem Verbum als zu der darin
steckenden 2. pers., die angeredet wird = "he du, (du und
ich) wir wollen gehen." Während indessen dieser Gebrauch im Arabischen mehr als eine dichterische Licenz
gefühlt wird, findet er sich im Assyrischen ganz gewöhnlich vor der ersten Person pluralis, seltener vor der 2. pers.

---

[1] Sehr interessant ist, dass (cf. Praetorius, *Grammatik der Tigriñasprache*,
§ 147) das Tigriña nach Aufgabe dieses *ŏ*, dafür eine schwerfällige Interjection
vom Pronominalstamm der 2. Person gebildet hat.

sing. des Imperativ. Es ist klar, dass die Partikel in
Verbindung mit der ersten pers. plur. die Aufmerksamkeit von der ersten (redenden) Person abziehen und auf
die angerufene zweite lenken sollte. Beim Imperativ war
dieses nicht nötig, da die grammatische Form schon
deutlich die Anrede zum Ausdruck brachte. Doch finden
sich natürlich auch im Assyrischen Stellen, wo das *t* vor
der ersten Pers. plur. Imperf. unterdrückt ist. Cf. v *R*. 1,
125 und 126.

šakkanakni šu pâlihu etc. Interessant und bezeichnend
ist die unmittelbare Aufnahme des Subjects durch *šu*.
Wir können diese, in ähnlicher Weise auch in anderen
semitischen Sprachen sich findende Emphase (cf. Gese-
nius-Kautzsch, *Hebräische Grammatik* § 135, 1, Anmerk. 2)
hier nicht besser wiedergeben als durch ein eingeschaltetes
"zwar." Die Construction des ganzen Satzes, welche
Oppert vollständig entgangen ist, kann nur folgende sein:
Der Priester geht davon aus, dass der Statthalter zwar
gottesfürchtig ist, indem er seine eigenen Götter verehrt;
erhebt aber die Klage, dass derselbe einen ihm persönlich
fremden Cultus, den der Ninâ, einer Göttin die unter
diesem Namen den Babyloniern damaliger Zeit fremd
geworden war (cf. hierzu Oppert's ganz vortreffliche Bemerkungen *Comptes rendues*, p. 5 ff.; *Z. A.* VIII, p. 360 f.),
nicht respectiere, indem er ihr ein Stück Land entrissen
habe. Die einmalige Handlung ist durch die Verba
ussahhi-uttakkir (Rev. 5) ausgedrückt, sie bilden das
eigentliche verb. finit. zu dem Subject *šakkanakni*, damit
contrastiert und diesem subordiniert, wird die sonstige
Gottesfurcht des "Statthalters" als etwas fortdauerndes
durch das Participium ausgedrückt. Da aber durch den
eingeschobenen Participialsatz der Hauptsatz unterbrochen
ist und durch *ilânišu* ein anderer Gegensatz angedeutet
ist, wird den Göttern des Statthalters, unmittelbar folgend

die "Herrin Ninâ " gegenüber gestellt.   Da dieselbe aber
logisch als Genitiv zu *mişir* und *kudur* (Rev. 5) gehört,
wird der vorausgestellte Genitiv durch die Genitivpartikel
ša als solcher kenntlich gemacht und in Rev. 5 (zumal
von diesem Genitiv wieder ein langer Relativsatz abhängig
ist, der ihn von Z. 5 trennt) durch die Suffixe *ša* zurück-
weisend wieder aufgenommen.   Cf. Delitzsch, *A. G.* § 123
(Schluss).   Mit dieser grammatisch allein berechtigten
Auffassung vergleiche man Oppert's Übersetzung: "Notre
seigneur, le prince auguste, nous le vénérons, car il craint
ses dieux.   Elle existe (*ša* = *ši* !!), la déesse Ninâ, la sou-
veraine, la grande fille d'Ea, dont, depuis de longues années personne n'avait profané l'enceinte ni violé les bornes.
Dernièrement, E . . . . en a profané l'enceinte etc."
    Rev. 1 *Ussaḫḫâ* "verändern, verrücken sollte" (Rel.)
ist nicht Praeter. (Oppert), sondern Praesens II₂ — *utsaḫ-*
ḫaja.   Dies folgt mit Notwendigkeit aus *uttakkar* (l. 2),
womit die Verba auf der Randzeile und Rev. 1 parallel
stehen, und aus dem Umstande, dass die Spuren auf dem
Rande in anderer Weise als von Oppert geschehen,
ergänzt werden müssen.   Zur Bedeutung des II cf.
v *R*. 65, vol. I, 18 : *ša suḫḫâ uşşurâtušu* "dessen Umrisse (Jensen, *Kosmologie*, pp. 348-354) verändert waren."
An dieser Stelle (cf. 1 *R*. 52, No. 2, col. I, 16 und 22) ist
also weder mit Delitzsch (*A. G.* § 110, unter II₁, p. 304,
cf. p. 350) die Rede von Wänden, die eingefallen, noch
mit Jensen (*Kosmologie*, p. 351) von Bildern oder Reliefs,
die unkenntlich gemacht waren (p. 335), sondern mit
Winckler (Schrader's *K. B.* vol. III, 2, p. 50, Anmerk., p. 58)
und Peiser (*ibidem*, p. 108) von den Umrissen oder dem
Grundriss des Tempels, der von einem früheren Könige
willkürlich geändert war.   Das erhellt klar aus dem was
folgt und aus der Menge anderer Stellen, in denen bei
Restaurationen von Tempeln stets Gewicht darauf gelegt

wird, dass der neue Bau genau auf dem alten Plan stehen, also in allen seinen Umrissen mit dem alten sich decken muss, sonst ist der Tempel nicht geeignet "für die Würde der Gottheit " (v *R*. 65, col. I, 21), und er zerfällt schnell wieder (l. 22). Darum befehlen Nabopolassar (Hilprecht, *O. B. I.* pl. 33, col. II, 12 ff.) und Nabonidus (v *R.* 65, col. I, 31 ff.) ihren Kunst- und Sachverständigen, die Dimensionen des alten Planes genau festzustellen, ehe sie an's Werk des Bauens gehen, darum rühmt sich Nabuna'id (I *R.* 69, col. III, 33; v *R.* 65, col. I, 24) *uṣûrat bîti ŝullumu*, *i.e.* dass er den alten Tempelplan, d. h. seinen Grundriss, in allen Details innegehalten, unversehrt gelassen, in anderen Worten, nicht verändert habe (*Nebuk. Borsippa*, col. II, 7). *Saḫû* steht also nicht blos im allgemeinen parallel mit *nakâru*, sondern deckt sich mit diesem genau in seiner Bedeutungsentwicklung, ist also sein directes Synonym und steht darum Rev. 22-23 auch im Parallelismus mit *eṭêḳu* "verrücken."

10. *Eḳlu ŝû-a-tum* "jenes Feld." Dafür lesen wir Strassmaier, *Nabuchodonosor* 135, 30 : *eḳlu MU-MEŜ,*[1] *i.e.* wie aus

---

[1] Das Pluralzeichen ist also hier in seiner gewöhnlichsten Function gebraucht. Es giebt aber noch eine andere Function desselben (eine Art Missbrauch oder Spielerei, wenn man will). Es dient nämlich gelegentlich in Verbindung mit Ideogrammen zur Wiedergabe der an die Pluralendungen anklingenden Singularendungen *ânï(u)* oder *î* (der Substantive, welche von den im dritten Radical schwachen Verben, den sogenannten Verben ת"ל im weitesten Sinne, abgeleitet sind und auf einen langen Vocal endigen). Das Pluralzeichen dient hier also geradezu als phonetisches Complement, anzeigend, dass das vorhergehende Ideogramm auf *î* oder *ânï* endigen soll. Als Beispiele führe ich an *NE* = *ûdtu(i)*, wenn es vom Pluralzeichen *MEŜ*, wie häufig genug (z. B. III *R.* 5, No. 6, l. 58), begleitet ist, oder *BAL* = *palû*, nach Praepositionen, also *palî*, nicht selten *BAL MEŜ* geschrieben (z. B. *ibidem*, l. 40). Winckler (in Schrader's *K. B.* I, p. 131 ff.) fasst diese Schreibungen als wirkliche Plurale auf "im dritten, fünften, etc. meiner Regierungsjahre," aber mit Unrecht; denn dabei bliebe unerklärt, warum das Pluralzeichen in Verbindung mit dem ("ersten" und) "zweiten" Feldzuge Salmanassar's ausgelassen wurde. Auch sprechen Parallelstellen, wie z. B. in Asurbanapal's Annalen, wo bei den Aufzählungen der einzelnen Feldzüge *girria* nur Singular sein kann, dagegen. Die Zahl ist als Attribut in solchen Aufzählungen nachgemäss vorange-

einer ganzen Reihe von Parallelstellen sich ergiebt, *eklu lu'dtu*
(= *luwdtu* = *lumâti* [1]). Der nämlichen Schreibung begegnen
wir auf dem Berliner Steine von *Merodachbaladan II*, col. IV,
56, von Delitzsch (*B. A. II*, p. 264) nicht erkannt, und an vie-

stellt, weil die einzelnen Regierungsjahre, Feldzüge, etc. einander emphatisch
gegenübergestellt werden. Als ein phonetisches Complement ist das Pluralzeichen auch nach wirklichen Pluralen anzusehen, wenn dieselben schon durch Wiederholung des Ideogramms ausgedrückt sind, z. B. *KUR·KUR·MEŠ* (*Tiglath
Pileser* I, col. VII, 43) = *mdtâti(-âti)*, welches also nur für eine parallele Art des
Ausdrucks mit und statt des bekannten *KUR-KUR-ti* = *mdtâti(-ti)* gelten kann.
Wenn das Pluralzeichen neben Verbalideogrammen steht, bezeichnet es entweder
eine Mehrheit der Subjecte (wie z. B). Strassmaier, *Nabuchodonosor*, 135, 24 :
GUR-MEŠ = *iturrû*) oder eine Intensität, gewissermassen Wiederholung, der
durch das Ideogramm ausgedrückten Thätigkeit, etc., cf. z. B). *TUM-MEŠ*, offenbar
= *TUM-TUM* = *ittalak* "er marschierte" (*Tiglath Pileser* I, col. VII, 40).

[1] Dieser Text ist höchst interessant, weil der Schreiber sich darin gefällt, seine
hervorragende Kenntniss der Ideogramme an den Mann zu bringen, besonders in
ll. 15–32. Da diese nicht ganz leichte Stelle in engerer Beziehung zum Schluss
unserer Inschrift steht, Strassmaier's Textausgabe verschiedentlich ergänzt oder
verbessert werden muss, endlich Tallquist mehreres nicht verstanden hat und
auch ein von Peiser missalesenes Ideogramm darin sich findet, halte ich es für angebracht, diese Zeilen hier kurz zu behandeln. L. 15 = *Iḫila(·la)-apla* (ergänzt
nach l. 21, möglichenfalls *Ba-la-a* = *Baldjija* = *Balda* = "mein Sein." (Inf.) zu
transscribieren], *apil-la la* = *ânBH-ḫla-ni* (nicht *a-ni* = *lu*, da sich *ḫla-nu*, *Jar-
rânu* daneben in Eigennamen finden, also = "Bêl ist (mein) lieber Herr"], *apil*
= *Su-ḫa-ai* [*i.e.* "der Suchäer" = *Ŋ̣ＲＺ*] (Hiob 2, 11)], 16. *it-ti* = *ânBH Ḫir(-ir),
apil-la la* = *Mu-lr-zib- ân.Varduk apil* = *ânNa-nugaru* [cf. Jensen, *Kosmologie*, p. 394],
17. *ḫI-i* [führt hier was der Verkäufer verlangt, als *oratio recta* ein] *I ma-na XIV
liḫlu kaspu lipirtu maḫri imḫma* [cf. Brünnow, *List*, 2390 ; *maḫri imbê* stets
auf's engste verbunden = "den Preis nennen," bildet gleichsam einen Begriff
hier, "bot an"; denn dass nicht *lipirtu (u) maḫru* zu verbinden ist, erledigt sich
durch Hinweis auf Meissner, *Beiträge zum Altbabyl. Privatrecht*, p. 10, Anmerk. 1,
wo mit Recht hervorgehoben wird, dass *lipirtu* im Neubabylonischen Recht nicht
= "Nebenposten," sondern stets = *atru + maḫru* ist], 18. *i-lam a-na Ilmi-lu
gamrâtu* [Tallquist, *l. c.* p. 19, DAG § 122] *û'udru ki-i pi-i* 19. *II ḪA a-na I liḫlu
kaspu adi III* [Versehen für *II*, da die Berechnung 144 ḪA (l. 14) = 72 Sekel
(= 1 Mine 12 Sekel) giebt, im ganzen aber nur 1 Mine 14 Sekel bezahlt werden]
liḫlu kaspu la 20. *ki-i pi-i atri immdinnu(·nu)* [mit doppeltem *n*, weil in Pausa].
Napḫaru I ma-na XIV liḫlu kaspu 21. ina Ml = Iḫla(·la)-apla, etc. 22. = *ânBH-
ḫla-ni*, etc. 23. *lim eḫli-hu ki-i kusup gamirtim* [*TIL*] *ma-ḫi-ir* 24. *a-pi-il* [so ist
die ganze Stelle zu ergänzen, cf. Strassmaier, *Nabuchodonosor* 164, 30] *ru-gim-
ma-a* [zum Lautwerte *gim* des betreffenden Zeichens, der in den Contracten ganz

len Stellen der Contractliteratur (cf. dazu Tallquist, *l. c.* p. 132).
Von besonderer Wichtigkeit ist die phonetische Schreibweise
Ši-ma-a-tim (Peiser, *Keilschriftliche Actenstücke*, p. 28, l. 26
und dessen Bemerkung in *Z. A.* VII, pp. 189 f.). Aus der

gewöhnlich ist, cf. schon Oppert, *Z. K.* I, 61; Tallquist, *l. c.* p. 127, *s. v. rugum-
mâ*; Abel & Winckler, *Keilschrifttexte* (fehlt auch in Winckler, *Liste ausgewähl-
ter Keilschrifttexichen*) kennen ihn noch nicht, obwohl er auch in assyrischen
Texten vorkommt, cf. **z.** B. Abel & Winckler, *l. c.* p. 6, l. 13a, wo natürlich nicht
mit den Herausgebern (p. 85) *lalummatu* = "Schrecken" (ein solches Wort existiert nicht l), sondern *la-gum(šum)-ma-te* = "Leid, Wehe" (cf. Delitzsch, *A. G.*
§ 65, 23) zu transscribieren ist] *ul i-li ul iturrû-ma* [fehlt nichts l] 25. *a-na a-ha-
mel ul i-rag-gu-mu. Na-ti-ma* 26. *ina aḫ, mârî, kimti, ni-su-ti* 27. *ša-lat* [Wurzel
רצם, cf. רצם) *la ôtt* = *ᵈᵘBêl-ṭir(-ir)*, etc. 28. etc. *la išam-ma* [*DU* (Hügel) +
TUM (gehen), also "auf den Hügel, *i.e.* hinauf gehen," Ideogramm für *elû*
(Brünnow, *List*, 9597). Cf. III *R.* 43, col. III, 1–6 zur ganzen Stelle. Damit erledigt sich Peiser's (*Keilschriftliche Actenstücke*, p. 4, l. 45; p. 8, l. 35; p. 78) und
Tallquist's (*l. c.* p. 131) Ratlosigkeit. Natürlich ist die "dunkle" Stelle *Nabonidus* 4, 5: im *DU-TUM-lu* vom Schreiber für *ina eli-lu* gemeint l] *ina eli eḫli lu-a-
ti* 29. *i-dib-bu-bu u-lad* [so ist statt Strassmaier's *amêlu* zu lesen, cf. *Nabonidus*
193. 25; III *R.* 43, col. III, 6]-*ba-bu* [Tallquist's (*l. c.* p. 56) *babâti* "babies,"
"Kinder" stehen hier also nicht] *ilku-ul* [*TIL-ul*; offenbar statt des in den Grenzsteinen oft erwähnten *inaḫû*, resp. *uḫallû* oder *tabâlu*, cf. *Grenzstein*, No. 103, col.
V, 36, 37 und oben Commentar zu Obv. l. 12], *u-lal-bu[-ḫu]-ul* [*Aṣurbanapal
Smith* 108, c] 30. *um-ma eklu lumâti* [=*lu'du*] *ul nadin* [*Nabuchodonosor* 164,
34]-*ma kaṣpu ul ma-ḫir* 31. *iṣabu-ul* [III *R.* 43, col. III, 6] *kaṣpa, im-ḫu-ru,
amêlupa-ḫir-ra-nu* 32. *adî ṣa-ta-a-an i-ta-nap-pal* = "Ikisha-apla nannte dem Bêl-
êṭir den Preis — 'I Mine 14 Sekel soll die Kaufsumme sein'" — den er als seinen
vollen Preis zahlen wolle — nämlich für das Saatfeld pro 11 Qa 1 Sekel Silber
sammt zwei Sekel Silber, welche er als Bachschisch zahlen wolle [cf. das oft hin-
zugesetzte *lubûri la bêlit bîti*. Nach einer noch jetzt im Orient herrschenden
Sitte hat der Käufer von Grundstücken, Böten, Pferden, etc. ausser der Kaufsumme noch einen nach dem Werte des Kaufobjects sich richtenden kleineren
Betrag (חרם, ein Hinzukommendes) zu entrichten, um seine Zufriedenheit mit und
seine freie Entschliessung (cf. *ina ḫud libbi*) zu dem Kaufe auszudrücken. Die
Weigerung, diesen Betrag zu entrichten, wird, wie ich aus eigener Erfahrung
weiss, als Unzufriedenheit mit dem Geschäfte seitens der Araber ausgelegt] —
Summa 1 Mine 14 Sekel Silber hat Bêl-êṭir von Ikisha-apla als Preis seines Feldes, als vollen Betrag, empfangen. Es ist bezahlt worden. Klage soll er nicht
anstrengen; nicht sollen sie (den Kauf) rückgängig machen, wider einander nicht
klagen. Für alle zukünftige Zeiten l Wer von den Brüdern, Söhnen, Familie,
Verwandten, Nachkommen des Hauses Bêl-êṭir aufstehen und von wegen dieses
Feldes klagen oder klagen lassen, es nehmen oder nehmen lassen wird, indem er

58 ASSYRIACA.

letzteren in Verbindung mit der ideographischen geht nach meiner Ansicht mit Notwendigkeit hervor, dass *šu'dtu* den Accent auf der vorletzten Silbe gehabt hat (gegen Kraetzschmar in *B. A.* I, p. 383, note ***), sich also auch in dieser Hinsicht mit aethiopischem *wŕ'ŕtn* deckt. Denn sonst hätte nimmermehr der Plural *šunâti* = *šuwâti*, mit dem es doch in der Aussprache zusammengefallen sein muss, dafür verwandt werden können. Das *â* des Plurals weist also nicht auf die Länge des *a* in *šu'atu*, sondern nur auf den Accent hin, der im Assyrischen entweder durch Verdopplung des folgenden Consonanten oder durch Verlängerung des Vocals kenntlich gemacht wird (cf. Delitzsch, *A. G.* § 53, c).

spricht : "Dieses Feld ist nicht verkauft, das Geld nicht empfangen worden " — der Kläger soll das Geld, das er empfangen hat, sammt 20 Procent [= 12 von 60, wie man gewöhnlich interpretiert, obwohl ich mit Jensen (*Z. A.*) meine starken Zweifel an der Richtigkeit dieser Auffassung habe] zurückzahlen."

II

Eine missverstandene Tafel aus Sippara.

Im Privatbesitze von Rev. Dr. W. Hayes Ward in New York
befand sich bis vor kurzem eine kleine Thontafel von 3.5 × 4.8
Centimeter, welche derselbe auf seiner Forschungsreise in
Babylonien 1884–85 erworben hatte. Dieselbe stammte offenbar aus Sippara, dem heutigen Abu Habba, in dem während
des letzten Winters wieder systematische Ausgrabungen von
der Türkischen Regierung vorgenommen wurden. Der verdienstvolle englische Assyriologe Theo. G. Pinches veröffentlichte dieselbe in *The American Journal of Archaeology*, April–
June 1893, pp. 190–191, nach einer Copie, welche derselbe
im gleichen Jahre gelegentlich seines Aufenthaltes in America
direct von dem Original herstellte. Einige Monate später kam
das Täfelchen leider seinem Besitzer abhanden und hat sich
bis auf den heutigen Tag nicht wieder gefunden. Wir sind
daher Mr. Pinches zu doppeltem Danke verpflichtet, dass er
den Text uns erhalten und zugleich in so vorzüglicher Weise
publiciert hat. Um ihn weiteren Kreisen zugänglich zu
machen, füge ich meiner Besprechung desselben eine photographische Reproduction von Pinches' Copie bei.

Die Tafel ist schon darum von Interesse, weil sie auf der
Rückseite eine Zeichnung des auf der Vorderseite erwähnten
Rindes oder Buckelochsen enthält, eines Tieres, das in verschiedenen Spielarten sich noch heute in Babylonien und
Syrien findet, und wohl ebenso wie das altägyptische Rind von
dem Buckelochsen Sennars, dem sogenannten *bos africanus*
oder Sanga,[1] abstammt.

[1] Cf. Dümichen's und Hartmann's lehrreiche Ausführungen.

Was Inhaltsangabe und Übersetzung des Keilschrifttextes
anlangt, so sind beide leider von Pinches missverstanden und
in Folge dessen auch seine daraus gefolgerten Schlüsse hinfäl-
lig. Pinches sagt nämlich darüber : "This tablet is one of
more than ordinary interest, for it seems to relate to the sub-
stitution of an offering of a certain kind of merchandise for the
single head of cattle due, and has a drawing of the animal (a
humped bull) on the back." Und seine Übersetzung lautet :
"5 skins, exchange (value) for one humped ox, Itti-Šamaš-balatu
to É-bara has given." Es ist schwer zu verstehen, wie der In
dieser Classe von Texten so wohlbewanderte englische Assyriologe die grammatisch keinerlei Schwierigkeiten bietenden Keilschriftzeilen in solcher Weise wiedergeben und interpretieren
konnte.

Die Tafel gehört inhaltlich zu den von Tallquist [1] richtig als
Rechnungstafeln über Lieferungen aller Art (d. h. freiwillige
Geschenke oder gesetzmässige Abgaben, welche dem Sonnentempel in Sippar als Einkünfte zuflossen) characterisierte Gat-
tung sogenannter "Contracte" und lautet in Transscription
also:

1. V ꞌᵏgi-la-du makkûru
2.   ina libbi(-bi) ištên(-en) ša alpu šú-nu-ú
3.   ꞏItti- ᵈᵘŠamaš-balâṭu a-na E-babbar-ra
4.   it-ta-din-nu
5.   ꞏᵗ꜀Tebitu âmu Sᵏᵃⁿ šattu 16ᵏᵃⁿ
6.   ꞏ ᵈᵘNabû-na'id šar Babili.ᵏⁱ

d. h.   1.   Fünf Häute, Besitztum (nämlich des Shamash [2]),
        2.   darunter eine von einem Buckelochsen,
        3.   welche Itti-Shamash-balâṭu an den Sonnentempel
             (in Sippara)

[1] Die Sprache der Contracte Nabûnâ'id's, p. 14.
[2] Cf. z. B. Strassmaier, Nabonidus 542, 1; Nabuchodonosor 73, 2.   Viele andere
Stellen bietet Tallquist, l. c. unter bulû.

4. geliefert hat.[1]
5. Im Monat Ţebet, am 8. Tage, im 16. Jahre
6. des Nabû-na'id, Königs von Babylon.

Vergleicht man meine Übersetzung mit der obigen von Pinches, so ergiebt sich, dass letzterer den einfachen Text missverstehen musste, weil er a) *makkûru ina libbi* als "an idiomatic expression meaning »value for«" auffasste, b) l. 2 sonderbarer Weise übersetzte als "meaning literally in the midst of one which is a humped ox," c) gegen die assyrische Grammatik fehlend, den verkürzten Relativsatz, angedeutet durch das überhängende *u* der Verbalform,[2] nicht erkannte. Im übrigen ist nur wenig zu bemerken.

L. 1, *gi-la-du*, mit dem Determinativ für "Haut" versehen, ist bereits von Pinches richtig mit dem im A. T. sich nur einmal findenden Hebräischen *geled* (*Hiob* 16, 15) zusammengestellt worden. Cf. Aram. *gildâ*, Arab. *ǵild*. Im Assyrischen ist das Wort wohl im Hinblick auf Bildungen wie Assyr. *lišânu* "Zunge," *igâru* "Wand," Hebr. *ephôd* "der priesterliche Überwurf," *serôkh* (cstr.) "Riemen," Arab. *ǵidm* "Zügel," *kisd* "Decke" und andere[3] als *ǵi'dl = gildâu* aufzufassen. Das von Norris[4] *gilda* transscribierte Tier (III R. 41, 19), welches ihm an Hebr. *geled* anklang, gehört natürlich nicht hierher, sondern ist Ideogramm. Cf. darüber Delser in *B. A.* II, p. 159.

L. 2, *ina libbi* = "darin, davon, darunter," cf. Delitzsch, *A. G.* § 78 ; Jeremias, *B. A.* I, 285 ; Tallquist, *l. c.* p. 9. Dieser geläufige adverbiale Ausdruck dient dazu, um die einzelnen Posten einer genannten Gesammtsumme einzuführen, oder aus

---

[1] Cf. die ganz ähnliche Abgabenliste Strassmaier, *Nabuchodonosor*, 928 (cf. Z. A. II, p. 43): " 100 Schaaffelle (cf. die in den Inschriften Tiglathpileser's I und Assurnaslrapal's erwähnten Schiffe aus solchen Fellen) erhalten (Permansiv, passiv) von Kur-ban-ni und Shamash-ah-ta aus Babylon, welche sie an den Sonnentempel geliefert haben."   [2] Cf. Delitzsch, *A. G.* § 147, 2.
[3] Cf. Barth, *Nominalbildung*, § 42, e.
[4] *Assyrian Dictionary*, I, p. 177.

derselben einen oder mehrere Posten als besonders erwähnens-
wert (wie in unserem Falle) hervorzuheben. Belegstellen für
diesen Gebrauch bieten Strassmaier's Ausgaben der neo-babylonischen datierten Tafeln in Hülle und Fülle.
alpu šunû "ein Stier mit einem Buckel, Buckelochse." Das
Wort *šunû* findet sich zweimal auf dem schwarzen Obelisken
Salmanassar's II, wo die abgebildeten Dromedare bezeichnet
werden als *gammalê ša šú-na-a-a și-ri-ši-na*, d. h. nicht "Kamele, deren Rücken doppelt ist" (Winckler, in *K. B.* I, p. 151),
noch "Kamele mit gedoppeltem Rücken" (Delitzsch, *A. W.*
p. 193 ; *A. G.* § 13), sondern "Kamele, deren Rücken zwei
Höcker hat," d. i. zweihöckrige Kamele, wie auch Pinches und
Amiaud und Scheil (*Les Inscriptions de Salmanassar II*, p. 73)
richtig übersetzen. Dass Delitzsch und Winckler mit ihrer
Übersetzung nicht das richtige getroffen haben, ergiebt sich
aus folgendem:
    1) An allen Stellen wird das Wort mit *einem* "n" geschrie-
ben. Daraus dürfte zu schliessen sein, dass das Wort nicht
ein Permansiv II₁, resp. das von Delitzsch (*A. G.* § 77, am
Ende) aufgeführte Zahladjectiv *šunnû* "doppelt" sein kann.
Wollte man es als ein Adjectiv (oder Permansiv) erklären, so
könnte es kaum anders aufgefasst werden als ein *fu'âl*[1] des
Verbum *šanû* (= *šunâju* = *šunû*) in der unten angegebenen Bedeutung (also "gebeugt, gekrümmt, höckerig") — aber vieles
spricht gegen diese Erklärung — oder als eine Šafel-Bildung
im passiven Sinn[2] vom Verbum *enû* "beugen, krümmen"
(= *šu'nuju* = *šûnû*), mit derselben Bedeutung "gekrümmt,
höckerig" — wie denn überhaupt *enû* und *šanû* in ihrer Bedeutung sich sehr nahe stehen und geradezu als Synonyma mit
einander wechseln.[3] Gegen eine solche Erklärung aber muss
ich mich ablehnend verhalten, weil ich

    [1] Cf. Barth, *l. c.* § 129, a; Delitzsch, *A. G.* § 65, 13.
    [2] Cf. Barth, *l. c.* § 111, Abschnitt 2, und Delitzsch, *A. G.* § 65, 33.
    [3] Cf. Tallquist, *l. c.* unter *enû* und *šanû*. Man darf nicht vergessen, dass im
Assyrischen *šanû* wie im Hebräischen שָׁנָה zwei ursprünglich verschiedene Wurzeln

2) in der Schreibung *šú-na-a-a*, resp. *šunâj*[1] nur einen Dual sehen kann. Da aber weder Verba noch Adjectiva[2] im Assyrischen einen Dual bilden, kann auch *šunâj* kein Adjectivum oder Permansivum, sondern muss vielmehr ein Substantivum sein. Indessen gegen eine Bedeutung "doppelt" oder "gedoppelt" spricht weiter

3) die Einsetzung dieser Bedeutung in unserem Texte. Was in aller Welt sollte wohl ein "gedoppelter" oder "doppelter" Stier bedeuten! Im günstigsten Falle doch nur "*ein paar*,"

äusserlich zusammengefallen sind. Die Bedeutung von *thanaj* = "biegen, beugen" hat sich des öfteren im Piel des assyrischen *šanû* (= שָׁנָה I) mit der Bedeutung "beugen, umdrehen, verdrehen, ungiltig machen" erhalten. Cf. z. R. Strassmaier, *Nabuchodonosor* 135, 14: "*la dibbu annûtu ulannû*" statt des gebräuchlichen und genau dasselbe bedeutenden *la dabbbu annû innû* (Praes. I₁ von *rnû*) z. R. *Nabuchodonosor* 198, 19; 368, 7. Cf. für das Hebräische Ps. 39, 35: "nicht werde ich entweihen (brechen) meinen Bund, und den Ausspruch meiner Lippen werde ich nicht beugen" (= "verdrehen, ungiltig machen," cf. *Assurnasirpal*, col. I, 4). שָׁנָה kann, wie der Parallelismus deutlich zeigt, hier kaum mit Gesenius, Siegfried und Stade etc. durch einfaches "ändern, verändern" passend übersetzt werden. Denn es soll hier nicht gesagt werden, dass Jahvah seinen Bund und Ausspruch, sei es zum guten, sei es zum bösen, nicht abändern, sondern dass er beides nicht annulliren will (cf. vv. 31-34), wenn auch seine Gesetze von David's Nachkommen "verlassen werden." Ähnlich Prov. 31, 5: "dass er nicht beuge (verdrehe = שָׁנָה) die gerechte Sache des Armen." Hier wäre eine Übersetzung "ändere" doch äusserst schwach und nichtssagend. An diesen und ähnlichen Stellen dürfte die Verbalform vielmehr richtiger mit der Wurzel *thanaj* (= שָׁנָה I) als mit *šanâ'* (= שָׁנָה II) zusammengestellt werden. Aus der Grundbedeutung "beugen, biegen, umbiegen," hat sich erst die weitere "wiederholen, verdoppeln, erzählen" entwickelt.

Auch das Ifte'al von *rnû* findet sich in der Bedeutung "beugen, umbiegen, i.e. eine Bestimmung, einen Kauf etc. umstossen, ungiltig, rückgängig machen." Cf. z. B. Hilprecht, *O. B. I.* pl. 31, col. II, 9, wo *itânî* Inf. I₁ ist. Siehe darüber Näheres oben unter 1, p. 5.

[1] Die Gruppe *a-a* dient im Assyrischen dazu eine *j*-haltige Silbe zum Ausdruck zu bringen (cf. Schrader, in Z. A. III, 1 ff.; Barth, *l. c.*, z. B. § 34, b und Anmerkung) und ist bald zur Bezeichnung von *ja* bald von *aj* verwendet worden. Feminina pluralis der Verbalformen (*á*) werden daher nicht mit diesem *a-a* geschrieben.

[2] Ausser den Cardinalzahlen 2 und 20-50 (Delitzsch, *A. G.* § 76) und solchen nicht belegten Ausdrücken wie 200, 2000 etc., bildet keine Zahl, auch nicht das Zahladjectiv "doppelt," einen Dual im Assyrischen.

das sind "zwei" Stiere.[1] Denn man wird uns gewiss nicht
zumuten wollen anzunehmen, dass ein Volk einen Stier mit
einem auch noch so grossen Fett-Höcker jemals einen "Doppel-
Ochsen" in seiner Sprache genannt hätte.   Ebensowenig
berechtigt wäre es natürlich, in *alpu šunâ* einen prägnanten
Ausdruck für "Stier mit gedoppeltem Rücken" zu sehen.

4) Der Assyrer bezeichnet Dromedare mit doppeltem Höcker
oder zwei Höckern entweder durch *udrâte ša II gungulipî*
(*Salm. Mo.* Obv. 28, VII) oder durch *udrâte ša II gungulipî-
šina* (*Salm. Mo.* Rev. 62),[2] d. h. er gebraucht stets die einfache Cardinalzahl *šinâ.* Folgerichtig sollte man für Kamele
mit doppeltem Rücken oder zwei Rücken *gammalê ša II şirêšina* erwarten.

5) Aber da es nun einmal keine Kamele mit "zwei Rücken"
oder "gedoppeltem Rücken" gegeben hat oder giebt, sondern
nur Kamele mit zwei Höckern auf dem einen Rücken, und da
der Assyrer jedenfalls keine zoologische Ungeheuerlichkeit mit
seinem Ausdruck bezeichnen wollte, hat er eben nicht *gammalê ša II şirêšina*, sondern *gammalê ša šunâj şirêšina*, d. h.
"Kamele deren Rücken zwei Höcker sind oder aus zwei
Höckern besteht," in anderen Worten, "zweihöckrige Kamele"
gesagt.

Von welcher Seite man also auch die Delitzsch-Wincklersche
Übersetzung sich besieht, in jedem Falle ist sie eine Unmöglichkeit. Ich fasse demgemäss das Wort anders auf, nämlich
als eine *fûâl* Bildung von der von Freytag und Gesenius richtig für *thanaj* (*šanû*) angesetzten Grundbedeutung *flectere*.[3]
Šunâ ist darnach ein Substantivum, entstanden aus *šunâju* =

---

[1] Gegen eine solche Fassung spricht aber schon der eine Umstand, dass nur *itên gilâdu* besonders hervorgehoben wird.

[2] Cf. zu diesen Stellen, Dellitzsch, *A. W.* p. 193.

[3] Da Schafel-Bildungen wie *šûšurtu* "Niederwerfung," *šušpuštu* "Umsturz" etc. gewöhnlich infinitivische Nomina mit abstracter Bedeutung sind und das *t* des Femininums haben, halte ich ein Substantivum *šânû* = *ḫu'neju* von *enû* "beugen, krümmen" = "Krümmung, Höcker" für höchst unwahrscheinlich.

šunā'u = *šunû*, also genau so gebildet wie *ubānu* " Finger," und bedeutet den "Höcker," als die Biegung oder Krümmung = Gebogenes, Gekrümmtes,[1] ist demnach ein directes Synonym von *gungulipu*.

ad 4: *ittadinnu*, Pausalform des Relativsatzes für *ittadinu*. Cf. Delitzsch, *A. G.* § 53, c.

---

[1] Cf. Barth, *l. c.* § 43. c: "das Product der Handlung."

III

Ein neues Zahlwörterfragment aus Nippur.[1]

In seinen *Assyriologischen Miscellen* (Erste Reihe : I–III),[2] pp. 193 ff., behandelt Delitzsch das lange Zeit verschollen gewesene Zahlwörterfragment *K*. 2014, welches seit Sir Henry Rawlinson's Veröffentlichung im *Journal of the Royal Asiatic Society* XV, 1855, p. 220 stets ein hohes Interesse unter den Assyriologen beansprucht hat, zumal es durch Schrader's einst epochemachendes Werk *A. B. K.* p. 237 auch in weiteren Kreisen bekannt geworden ist. Es ist das Verdienst Delitzsch's, durch Bezold's Catalog[3] zu einem Studium von Vocabularen angeregt, dasselbe in neues Licht gesetzt und den wahren Inhalt des Täfelchens erschlossen zu haben. Etwa gleichzeitig mit dem Druck jenes Aufsatzes von Delitzsch kam mir während meiner Catalogisierungsarbeiten der in Nippur ausgegrabenen Tafeln ein kleines braunes Thontafelfragment unter die Hände, das in seiner grössten Länge 6.65 cm. und an seiner breitesten Stelle 3.5 cm. misst. Ich gab demselben

[1] Dieser Aufsatz und No. VII wurden ursprünglich vor dem *Oriental Club of Philadelphia* im Winter 1893–94 gelesen. No. III findet sich darum zugleich (in verkürzter Gestalt und in englischer Sprache) in den *Oriental Studies* des Clubs, welche etwa gleichzeitig mit dieser Schrift erscheinen, pp. 137–140 abgedruckt. Da die letzteren jedoch nur einen beschränkten Leserkreis haben werden, hielt ich es für angebracht, das Zahlwörterfragment in dem vorliegenden Heft noch einmal zu besprechen.

[2] Sonderabdruck aus den Berichten der philolog.-hist. Classe der Königl. Sächs. Gesellschaft der Wissenschaften. Sitzung vom 8. Juli 1893.

[3] *Catalogue of the Cuneiform Tablets in the Kouyunjik Collection of the British Museum*, vol. I, p. 385. Bezold selbst hatte das Fragment nicht wieder erkannt. Aber daraus wird niemand, der sich klar geworden ist, welche unsagbare Mühe und Geduld zur Herstellung des schönen Cataloges erforderlich waren, seinem gelehrten Verfasser einen Vorwurf machen.

im Catalog die Nummer *N7*. 1893. Auf beiden Seiten dieses
Fragmentes befinden sich Reste von Keilschriftzeilen in neo-
babylonischen Charakteren. Sicheres lässt sich zur Zeit
wegen der Kleinheit des Fragmentes über den eigentlichen
Inhalt der Tafel nicht sagen. Von der Rückseite derselben
sind die Reste von vier Zeilenpaaren, die durch Linien von
einander getrennt sind, erhalten. Diese Zeilenpaare sind
ganz oder teilweise identisch. Für uns wird dasselbe darum
von Wichtigkeit, weil es einige assyrische Zahlwörter in phone-
tischer Schreibung enthält, welche entweder überhaupt noch
nicht belegt oder wenigstens nicht in der hier gebotenen Form
bekannt waren, obwohl bereits die el-Amarna Tafeln auch auf
dem Gebiete der Zahlwörter unsere Kenntnisse in dankens-
werter Weise erweitert hatten. Da eine genaue Copie des
Fragmentes in einem der folgenden Bände der von mir heraus-
gegebenen Keilschrifttexte[1] erscheinen soll, will ich mich hier
auf eine kurze Darstellung des wesentlich Neuen auf demselben beschränken. Nur die Vorderseite verdient für meinen
Zweck Beachtung. Fragmentarisch wie sie ist, besteht sie aus
zwei Columnen. Von der linken sind überdies nur wenige
Zeichen am Ende der ersten sieben Zeilen erhalten, nämlich
l. 1: *ME;* l. 2: *A-AN;* l. 3: *I^{ban};* l. 4: *II^{ban};* l. 5: *III^{ban};*
l. 6 und 7 blos *kan* oder Spuren dieses Zeichens. Was davor
gestanden haben mag (" Tag " oder ähnliches) vermag ich nicht
anzugeben. Jedenfalls macht es die rechte Columne wahrscheinlich, um nicht zu sagen sicher, dass die Zahlzeichen der
linken, gefolgt von *kan*, in ununterbrochener Reihenfolge bis
IX und jedenfalls noch darüber hinaus sich fortsetzen. Weit
bedauerlicher ist es, dass die rechte Columne, welche unter
anderem die Masculin- oder Femininformen der Babylonisch-
Assyrischen Cardinalzahlen von I ab enthält, nur bis zur Zahl
VIII, resp. IX erhalten ist. Freilich ist vor der Hand die

---

[1] *The Babylonian Expedition of the University of Pennsylvania, Series A:
Cuneiform Texts*, vol. X.

Möglichkeit nicht ausgeschlossen, dass die fehlenden Teile der Tafel sich unter den noch nicht gereinigten Fragmenten finden oder durch die mit gutem Erfolge in Nippur fortgesetzten Ausgrabungen geliefert werden. Die Zahlen von I–V kann ich übergehen, da dieselben seit langem bekannt sind. Für die Zahl II lesen wir hier statt des gewöhnlichen *šinâ* vielmehr *ši-nu-u* = *šinû*, d. h. die ältere Form, welche der Dual später ganz verdrängte.[1] Die Zahlen VI–IX erscheinen in folgender Verbindung :

l. 8: *siš-šit-ti* *ûmu*(-*mu*)
l. 9: *sib-ti* "
l. 10: *sa-man-ti* "
l. 11: *[ti]l*[2]*-ti* "

Die letzte Zeile ist zweifellos zu *til-ti* zu ergänzen. Denn die Spuren führen darauf, und es ist nur für ein Zeichen Raum zwischen dem verlängert gedachten Columnenstrich und dem Bruch. *Tilti* oder *tilti* = *tišti* = *tišati* = *tiššati* = *tiš'ati* ist demnach die sonst noch nicht für IX belegte Form *ši'latu*, während wir mit Delitzsch (*A. G.* § 75) in dem bekannten *ti-šit* wohl die Bildung *ši'iltu* zu sehen haben. Zwei verschiedene Bildungen sind nebeneinander auch für das Femininum der Zahl VII in Gebrauch, wie wir sofort weiter unten zeigen werden. Das Masculinum von IX ist von Delitzsch richtig als *ti-šu*, i.e. *tišu* (= *tešu* = *tiš'u*) angesetzt.

Die Zahl *samânti* = VIII erscheint hier zum erstenmal. Sie ist völlig identisch, besonders wenn in *a* auslautend (*samânta*), mit der Aethiopischen Accusativform *samânta*[3]

---

[1] Die von Delitzsch, *A. G.* § 75 nicht aufgeführte Femininform für II findet sich z. B. in Strassmaier, *Nabonidus* 258, 12: II-*it*, d. i. natürlich *šinit*.

[2] Cf. Brünnow, *A Classified List*, no. 1486.

[3] Dieselbe findet sich zwar nur besonders in verhältnismässig späteren Texten, ist aber in Wahrheit eine ursprünglichere Form als das übliche *samânta*, welches vielmehr erst aus jenem gemäss der für die Aethiopische Grammatik geltenden Lautgesetze gebildet ist. Daneben findet sich jedoch auch das noch ältere *samâ-*

(*Iud.* 3, 8-14). Vom Femininum ergiebt sich selbstverständlich und unmittelbar die Masculinform *samânu*, die sich mit einiger Wahrscheinlichkeit [1] bereits aus der Ordinalszahl *samânû*, welche im Nimrodepoš und in den el-Amarna Tafeln vorkommt, gewinnen liess.

Von Interesse ist die Femininform *sibti*, resp. *sibti* neben der bis jetzt bekannten *sibitti*.[2] Genau so wie bei der IX haben wir hier zwei verschiedene Femininbildungen, nämlich *fa'latu* und *fa'altu*, also auf der einen Seite *sibti = sibatu = sebbatu = sab'atu*, und auf der anderen *sibitti*, resp. *sebetti = sabe(a)tti = saba'ti*.[3] Wenn wir in den el-Amarna Tafeln neben den mit *s*[4] anfangenden Formen für VII, welche im Assyri-

wÛa (*Gen.* 46, 22), welches mit der correspondierenden Arabisch-Sabäischen Femininform zusammenfällt. Cf. Praetorius, *Aethiopische Grammatik*, §§ 135, 136 und 15; Dillmann, *Grammatik der Aethiopischen Sprache*, p. 289; Hommel, *Südarabische Chrestomathie*, unter den Zahlwörtern.

[1] Delitzsch setzte dafür (*A. G.* § 75) eine Form mit langem *â* und Fragezeichen (= der Ordinalzahl) an, weil er sich auf Schrader, *A. B. K.* p. 237 berufen zu können glaubte. Seitdem er sich über den wahren Sachverhalt von *A.* 2014 in seinen *Miscellen* geäussert hat, wird er dieselbe selbst längst aufgegeben haben.

[2] Cf. Delitzsch, *A. G.* § 75.

[3] Cf. Delitzsch, *A. G.* § 65, 6, Anmerkung.

[4] Cf. z. B. die Ordinalzahl *si-e-bi-i* in Berold, *Oriental Diplomacy*, § 32. Jedoch ist derselbe im Irrtum, wenn er auf diese Schreibung hin im " Vocabulary," p. 103 eine Ordinalzahl *Iêbâ* (mit langem *î*) anzusetzen sich berechtigt glaubt. Dieselbe ist eine Unmöglichkeit, da, wie Delitzsch (*A. G.* § 76, Ende) sehr richtig ausgeführt hat, die Form der assyrischen Ordinalzahlen *fa'ul* ist. Das *e* (oder *i*) ist in solchen Fällen, wie so unendlich häufig im Assyrischen, nichts weiter als ein phonetisches Complement, um die Schattierung des vorhergehenden Vocales anzudeuten. Die von Delitzsch gegebene Definition des phonetischen Complementes ist unrichtig und führt denselben notgedrungen in seiner Grammatik zur Annahme von sehr häufigen "Spielereien" der Schreiber, während sie ihn auf der andern Seite verhindert, eine Reihe sonst sehr einfacher grammatischer Formen richtig zu erklären. Was Bezold, *l. c.* p xviii (§ 9) als eigentümlichen Gebrauch der el-Amarna Texte anführt ("phonetic complements are used in ways which have no parallel in other cuneiform documents "), ist auch — teilweise sogar sehr häufiger! — Gebrauch der einheimischen babylonisch-assyrischen Texte. Da ich im zweiten Teil von *Assyriaca* das phonetische Complement eingehend behandeln werde, begnüge ich mich einstweilen hier, die Definition desselben zu geben : " Ein phonetisches Complement ist ein (seltener und nur bei Ideogrammen besteht es aus zwei

schen die regelmässigen geworden sind, wiederholentlich solchen mit *š*[1] begegnen, so haben wir, obwohl dieselben auch
im Assyrischen offenbar die ursprünglichen gewesen sind, darin wohl eine Einwirkung des Kanaanäischen zu erkennen.
Die correspondierende Masculinform *si-ba* = *sêba*[2] war längst
bekannt.
Die Femininform der Zahl VI *sißitti* ist abnorm. Wir begegnen der verkürzten Form *sis-sit* bereits auf 82, 7-14, 864,
col. III, 14 ab (Meissner in *Z. A.* VII, pp. 28 und 20, und desselben Verfassers *De servitute Babylonico-Assyriaca*, p. 6), wo
es heisst : *VI gin guškin ni-lal-e* = *siš-šit šik-lu kaspu i-šak-kal*
= "sechs Sekel Silber soll er bezahlen." Insofern als der
Assyrische Stamm dieser Zahl שרש ist,[8] sollten wir eine Form
sidšati = *sißa(i̯)ti* erwarten, welche denn auch Bertin in seiner
Assyro-Babylonian Grammar, p. 34, als die gebräuchliche Zahl
one weiteres angiebt.   In *sißitti* eine ungenaue Schreibung
des Schreibers für *sißiti* zu sehen, scheint mir unstatthaft.
Die Form lässt sich daher nur als eine Analogie-Bildung auffassen, entstanden unter dem Einfluss der Form *ši̯iltu*, welche,
wie der Thatbestand lehrt, vorherrschend für die Zahlen
sebitti, *tešitti*, *irbitti*, und jedenfalls auch *šinitti* in Gebrauch
war.   In anderen Worten, ebenso wie der aus ursprünglichem[4]
שרש dissimilierte Stamm שש die Aussprache der VII und der
Regel[5] nach auch VIII mit initialem *s* nach sich zog, so haben

oder gar drei) Silbenzeichen, welches vor oder hinter ein anderes Silbenzeichen
oder Ideogramm gesetzt werden kann, um die richtige Lesung desselben zu
sichern. Mit wenigen Ausnahmen tritt das Complement jedoch in Verbindung
mit Ideogrammen nur hinter dasselbe." Aegyptologen werden diese Definition
für etwas selbstverständliches halten.
[1] Cf. Belegstellen hierfür bei Bezold, *l. c.* § 32.
[2] Cf. Delitzsch, *A. G.* § 65, 6. Anmerkung.
[8] Cf. Delitzsch, *l. c.* § 75, und *Assyriologische Miscellen*, p. 196. Ich habe darum
oben das Zeichen *šiš* stets als *ríš* gelesen, ebenso das Zeichen *šiš* in VII als *ríš*.
[4] Die ursprüngliche, jedenfalls durch den Einfluss des Kanaanäischen wieder
hervorgerufene Form *ši-iš-iš* der Cardinalzahl findet sich bei Bezold, *l. c.* § 32.
[5] Cf. Delitzsch, *l. c.* § 76 und Bezold, *l. c.* § 32.

umgekehrt die Femininformen *scbitti* und *tctitti* (die gebräuch-
licher waren als *stbti* und *ttiti*, resp. *ttlti*) die Aussprache
sittitti für das Femininum der VI herbeigeführt. Das Masculinum muss im Assyrischen *sittu* gelautet haben in Übereinstimmung mit der Semitischen Grundform *tidth*.[1] Dieses
sittu aber fiel seinerseits in Aussprache und Schrift mit
der Cardinalzahl von VI zusammen, insofern als die letztere
als *sadutu* ⸗ *sadtu* ⸗ *sdtu* ⸗ *sttu* (geschrieben dann *sittu*)
erscheint.[2]

---

[1] Noeldeke, *Die Semitischen Sprachen*, p. 7, Anmerkung 1.
[2] *Fa'ul* im Assyrischen gemäss Delitzsch, *A. G.* § 76, Ende.

IV.

Bemerkungen zu Winckler's Altorientalische Forschungen, II.

NACHDEM der oben als I veröffentlichte Aufsatz längst in der Druckerei war, gelangte der II. Teil der *Altorientalischen Forschungen* von Winckler in meine Hände. Da der geschätzte Berliner Fachgenosse, durch dessen grundlegliche Arbeiten die historische Forschung Babyloniens eine neue lebenskräftige Entwicklung genommen hat, auch in diesem Buche viel Treffliches bietet, hätte ich gern in meinen obigen Ausführungen darauf Rücksicht genommen. Einstweilen lasse ich hier wenigstens einige kurze Bemerkungen über mehrere von ihm vorgetragene Ansichten, von denen ich differiere, folgen.

Es gereicht mir zunächst zur grossen Befriedigung, dass Winckler ausser manchem andern die Reihenfolge der Kassitenkönige von Kurigalzu II bis zum Schluss der Dynastie genau so wie ich sie proponierte, auf p. 133 angenommen hat, nachdem er auf den vorhergehenden Seiten das Feuer der Kritik gegen dieses neue Arrangement auf allen Seiten losgelassen hat. Winckler hätte sich manches davon ersparen können, wenn er von dem natürlichen Grundsatz ausgegangen wäre, dass ich, der ich mit meiner Aufstellung und neuen Chronologie in bewusstem Gegensatz zu der bisher von allen Assyriologen und Historikern vertretenen Anschauung trat, mir die meisten seiner Berechnungen und Eventualitäten wahrscheinlich selbst ausgerechnet und zu Papier gebracht hatte, bevor ich meine Einleitung drucken liess. Der Unterschied zwischen seiner Darstellung und der meinigen besteht darin, dass Winckler seinen Gedankengang eingehend entwickelt, während ich denselben als dem Zwecke meines Buches fern liegend, nur andeutete, ja meistens nur die Resultate meiner Untersuchungen gab, dabei zu gleicher Zeit aber (p. 37) bemerkend, dass die Gründe für meine Chronologie in einem besonderen Artikel erscheinen würden. Dieser Aufsatz wird als Einleitung zu der von mir und einem meiner Schüler besorgten Ausgabe der datierten Kassitentafeln [1] erscheinen, deren Veröffentlichung leider durch die plötzliche, sehr schwere Erkrankung des letzteren verzögert ist.

Schon hier glaube ich aber bemerken zu müssen, dass sich Winckler selbst des öfteren in seinen Ausführungen in Widersprüche verwickelt, und dass das Bestreben, schwache, unhaltbare Positionen, die sich zum Teil schon in seinen früheren Schriften finden, nicht aufzugeben, dem genialen Forscher oft den klaren Blick und die nüchterne Auffassung erschweren. Man beachte z. B. den Widerspruch p. 132, note 2 gegenüber früheren Ausführungen. Entweder musste Winckler erklären, dass die für Marduk-nâdin-aḫe angesetzte Zahl 1107 unrichtig ist, was er nicht thut, oder er durfte nicht 1126—1115 als Regierungszeit für denselben drucken lassen. Sodann wird mir Winckler wohl nicht zumuten (p. 131), dass ich alles Ernstes glauben soll, dass er auf p. 28 f. seiner Untersuchungen wirklich nachgewiesen habe, dass Nebukadrezar I nicht der Begründer der Pashe-Dynastie gewesen sein könne. An gutem Willen hat's ihm nicht gefehlt, aber wo ist der Beweis? Ich bin mehr denn je davon überzeugt, dass kein anderer denn Nebukadrezar I an die Spitze der Dynastie gehört. Und Winckler würde wohl nicht so bestimmt dagegen sprechen, wenn er sich alles Einzelne *pro* und *contra* noch einmal vorurteilsfrei vor Augen führte.

Wie ich, werden alle Assyriologen dem verdienstvollen Gelehrten dankbar sein, dass er in selbstloser Weise durch eine Reise nach London nachgewiesen hat, dass Mr. Pinches' geübtes Auge sich im Lesen einiger, für die Chronologie allerdings

---

[1] *The Babylonian Expedition of the University of Pennsylvania, Series A. Cuneiform Texts*, vol. VI.

ausschlaggebender Namen des von ihm in Übersetzung heraus-
gegebenen Fragmentes einer neuen babylonischen Chronik
geirrt hat, und dass demgemäss einige von meinen auf Pinches'
Lesung beruhenden Annahmen irrig sind. Ich wiederhole
meinen schon in *O. B. I.* p. 40, Anmerkung 3 ausgedrückten
Wunsch, dass doch Pinches bald den Keilschrifttext dieses
wichtigen Textes publicieren möchte, da der gegenwärtige Fall
wieder einmal recht drastisch gezeigt hat, wie misslich und
unbefriedigend es ist, sich bei wissenschaftlichen Arbeiten auf
einen transscribierten oder gar blos übersetzten Text verlassen
zu müssen.

Befremdlich ist was Winckler auf p. 113 f. von hybriden,
kassitisch-babylonischen Eigennamen behauptet. Die blosse
Schwierigkeit, in die er eingestandenermassen sich durch die
Annahme, dass Kadashman-Bêl und Kadashman-Turgu zwei
verschiedene Personen sind, verwickelt, indem er zwei Könige
mehr erhält, als er gebrauchen kann, hätte ihm die Augen öffnen
und ihn meine Worte p. 34, Anmerkung 2 genauer erwägen
lassen sollen. Angesichts der Thatsache, dass alle phonetisch
geschriebenen Namen von Kassitenkönigen (gegen Winckler's
Ansicht), wenn immer anderes kassitisches Sprachgut in denselben enthalten ist, auch den Namen des Gottes nur in kassitischer, nie babylonischer Aussprache geben, und dass ein
Volk, wie die Geschichte bis in die jüngste Zeit hinein beständig lehrt, eher seine Sprache als seine Religion aufgiebt, hätte
Winckler nicht das gerade Gegenteil annehmen sollen, ohne
seine Ansicht zu begründen, zumal die Thatsachen in der
Keilschrift gegen seine Worte zeugen. Es ist mir unfasslich,
wie Winckler alles Ernstes behaupten kann, es fände sich " in
dem bis jetzt bekannten " Keilschriftmateriale nicht ein Fall,
in dem ein und derselbe fremdländische Königsname zu gleicher
Zeit derart ausgedrückt worden sei, dass auf dem einen Texte
der in ihm enthaltene fremde Gott phonetisch, auf dem andern
mit demjenigen Ideogramm geschrieben sei, welches sonst den

mit jenem correspondierenden babylonischen Gott bezeichnet
(p. 113 f.). Winckler wünscht nur mit einem einzigen solchen
Falle bekannt gemacht zu werden ; ich will ihm gleich mit
mehreren dienen.

1. v *R.* 9, 2 wird Bir-Dadda,[1] der Vater des Araberkönigs
Waiteh auf dem einen Texte geschrieben *Bir-Da-ad-da*, auf der
Parallelstelle des anderen *Bir- ᵈⁱⁿᵍⁱʳ IM*, d. h. mit dem Ideogramm,
das in rein babylonischen Namen zunächst *Ramman*[2] zu lesen

[1] Die Literatur über diesen Namen findet man übersichtlich zusammengestellt
in Haupt's *Wiedeben-Hassel* (*Hebraica*, I, vol. IV, reprint p. 8). Unsere Frage
ist dort aber nicht berührt.

[2] Oppert hat jüngst in seiner Abhandlung *Adad-Nirar, roi d'Ellasar* (extrait
des comptes rendus, p. 6) nachzuweisen gesucht, dass das assyrische Ideogramm
dingir IM in allen Fällen statt *Ramman* vielmehr *Adad* zu lesen ist. Die Ausführungen des gelehrten Verfassers erschienen mir anfänglich sehr bestechend, nach
reiflicher Erwägung halte ich den Beweis für misslungen. Auf Grund des von
mir für die Lesung kassitischer, ja fremder Eigennamen überhaupt, formulierten
Gesetzes [dass wenn ein Eigenname durch ein in demselben vorkommendes phonetisch geschriebenes Wort sich als nicht-babylonisch ergiebt, auch der etwa in
dem Namen enthaltene ideographisch geschriebene Gottesname so zu lesen ist,
wie der dem babylonisch-assyrischen Gotte entsprechende fremdländische Gott
von seinen eigenen Verehrern in ihrer Sprache ausgesprochen wurde], *O. B. I.* p. 33,
ist das von Oppert vorgebrachte anders aufzufassen. Auch der Name auf den
Backsteinen von Tello ΑΔΑΝΑΣΙΝΑΧΙΣ (ein Exemplar davon befindet sich
auch im Museum der Universität von Pennsylvanien) beweist nur, dass die Ver-
ehrung des syrischen Gottes der Atmosphaere und des Sturmes, *Adad* (*Dadda*),
wie gemäss der grossen Verbreitung des Aramäertums in den letzten vorchrist-
lichen Jahrhunderten von vornherein zu erwarten steht, auch in Südbabylonien
(wahrscheinlich zunächst neben *Ramman*) sich eingebürgert hatte. Dagegen beweist der Name nichts für die Aussprache des Ideogrammes *dingir IM* in älteren
rein babylonisch-assyrischen Texten. Der Umstand schliesslich, dass auf dem
bekannten, von Hezold veröffentlichten Göttersyllabar *K.* 2100 (*I. S. B. A.* XI,
p. 173 f.) auch *Dadda* und *Adad* als Aussprachen für *dingir IM* sich finden, beweist
gerade (was ich gegen Winckler auf das nachdrücklichste aufrecht halte), dass die
Babylonier und Assyrer sehr wohl wussten, dass ihre für die einheimischen Götter
gebrauchten Ideogramme unter Umständen anders als babylono-assyrisch zu lesen
waren, sowohl weil sie selbst (cf. oben Beispiele 1–3) als andere Völker, die sich
der Keilschrift bedienten (oben Beispiele 4–5), dieselben auch für die mit den
babylonischen correspondierenden fremden Götter zu verwenden pflegten. Wenn
nun aber Winckler (p. 113) meint, dass *turku* auf jenem Syllabare *K.* 2100 als
kassitisches Aequivalent für *Ramman* (was jedoch erst zu beweisen ist!) angege-

ist. Daraus folgt, dass der Schreiber Asurbanapal's sehr wohl
wusste, dass *Dadda* seiner Function nach mit dem assyrischen
Rammân sich deckte, er also, da der fremdländische Charakter
des Namens durch (die Apposition und) die erste Hälfte desselben genügend kenntlich gemacht worden war, ohne weiteres
das assyrische Ideogramm zur Schreibung von *Dadda* benützen
konnte. Cf. auch Schrader, *K. A. T.*[3] p. 454; *K. G. F.* p. 538 f.

2. Auf dem schwarzen Obelisken Salmanassar's II (cf. Abel
& Winckler, *Keilschrifttexte*, p. 8, 59; 9, 88 und öfter) wird
*m. dingir*M-id-ri von Damaskus genannt, der nach Schrader, *ll. cc.*
mit hebr. רָזְיָן, und nach Delitzsch, *Z. K.* II, pp. 161–178
mit einem *Bir-idri* = בִּר־הֲדִר identisch sein soll. Winckler
folgt in *K. B.* I, p. 134, Anmerk. 1 Schrader, in seiner "Geschichte" dagegen Delitzsch (p. 193). Wie wir auch lesen
mögen,[1] soviel ist sicher : Da die Person mit dem biblischen,
gewöhnlich Ben-hadad (II) gelesenen König von Damaskus
zweifellos identisch ist, muss das Ideogramm *dingir*M auch mit

ben sei, *targu* also nicht wohl für *BH* stehen könne, so ist, vorausgesetzt, dass
seine erste Gleichung richtig ist, zu antworten, dass auch Ilêl von Nippur, als der
Herr der als Daemonen personificiert gedachten Sturmwolken, ursprünglich ein
Gott der Atmosphaere, ein Sturmgott, ist, und als solcher auch des öfteren auf
den in Nippur gefundenen Thonbildern erscheint, dass also *turku* (wenn = *turgu*,
was mir gar nicht unwahrscheinlich erscheint) ebensowohl dem Ilêl von Nippur als
dem assyrischen Rammân gleichgesetzt werden konnte.

[1] Nach meiner Ansicht hat Delitzsch zweifellos recht. Seine Erklärung wird
allen Schwierigkeiten gerecht und hebt dieselben. Die LXX beweisen überdies,
durch ihre Übersetzung υἱὸς Ἀδέρ, dass sie noch בִּר־הֲדִר gelesen haben (etwas anders Delitzsch). Der von Delitzsch in sehr scharfsinniger Weise nachgewiesene
Gott *Bur* oder *Bir* ist, so scheint mir, auch als Aussprache des Ideogrammes
*dingir*M belegbar. Denn ich halte die auf *K.* 2100, Obv. als eine der
Aussprachen jenes Ideogramms angeführte Gottheit *Me-ir* = *Mir* mit jenem *Bir*
identisch. Daneben findet sich dann ebenso wie *Bir* und *Bur* mit einander wechseln, häufig die Aussprache *Mur* (mit dem Zeichen Brünnow, *List* 8522 geschrieben) in babylonischen Eigennamen wie *ilu*Mur-ur-ibni, Mur-aḫ-iddina, etc. Cf.
zum Wechsel von *b* und *m*, neben den vielen für das Hebräische aus der Transscription der LXX belegten Fällen, *e.g.* Μααβ und Μωαμ, Σαμαρία und Σαβαρία
(= assyr. Šamarā'in, cf. Halévy in *Z. A.* II, p. 402), für das Assyrische die Gram-
matiken unter *b* und *m* und die verschiedenen Schreibweisen des Wortes für
Cypresse.

damascenischer Aussprache — selbst nach Winckler — wiedergegeben werden. Freilich hält er ja gegenwärtig das auch von
ihm selbst früher vertretene Princip "bis auf weiteres für
unwahrscheinlich" (*Altorientalische Forschungen* II, p. 114,
Anmerkung), darf demnach auch hier seine frühere Lesung
nicht länger für richtig halten. Aber auch in anderen denn
königlichen Namen der Keilschriftlitteratur lässt sich das von
uns vertretene Princip nachweisen. Denn

3. Pinches hat *P. S. B. A.* 1883, pp. 71–73 gezeigt, dass ein
in Babylonien ansässiger Fremder (wohl ein Kanaanäer) auf
Contracttafeln aus der Zeit des Nabonidus bald als ᵐ· ᵈⁱᵍⁱʳ*Abil*[1]-
Ad-du-na-tan, bald als ᵐ· ᵈⁱᵍⁱʳ*Abil-IM-ua-tan* erscheint, und dass
daher in der zweiten Namensform das Ideogramm mit der
"westländischen" Aussprache des Gottes *Addu* zu lesen ist,
ebenso dass der auf einer andern Contracttafel erscheinende
ᵐ·ᵈⁱᵍⁱʳ*Abil-IM-a-ma-ra* (der Schwiegersohn jenes ersten Man-
nes), der sich schon durch die Verbalform *a-ma-ra* = אָמַר als
kanaanäisch giebt, auch im ideographischen Gottesnamen
kanaanäisch, also *Bil-Addu-amara* transscribiert werden muss.[2]

4. Es ist bekannt, dass der in den el-Amarna Tafeln oft
erwähnte Rib-Adda von Byblos entweder geschrieben wird
Ri-ib-Ad-di (*Berlin, Th.* 73, 3) oder *Ri-ib-Id-di* (*ib.* 76, 1) oder

---

[1] Sicher mit Delitzsch = *Bil* zu lesen (Z. K. II, pp. 170, 177 f.). Cf. auch dessen sehr beachtenswerte Bemerkung, p. 169, Anmerk. 1: "Der Name kann doch
nicht vorn babylonisch und hinten "samaritanisch" sein, auch nicht bei einem
babylonisierten Samaritaner!" Darum ist Pinches' *Bin* unmöglich. Delitzsch's
Wort hätte auch Winckler eingehender prüfen sollen, ehe er seine eigenen Ansichten über Bildung von hybriden babylonisch-kassitischen Eigennamen formulierte.
[2] Cf. Strassmaier, *Nabonidus* 85, 5, 7, 11, 13 f.; 356, 2, 11 f. 34 f. Dass die
westländische Aussprache *Addu* übrigens schon um jene Zeit in Babylonien sich
fest eingebürgert hatte, ergiebt sich aus Eigennamen wie ᵐ· ⁱˡ*Ad-du-lv-u-sa-lim*
(*Nabon.* 892, 9), ᵐ· ⁱˡ*Ad-du-li-ki-in(kin)* (*ib.* 1 und 10), etc., wo *Addu* in phonetisch
geschriebenen Eigennamen in Verbindung mit rein babylonischem Sprachgut sich
findet. In Strassmaier, *Nabon.* 813, 8, worauf mich mein Schüler Dr. A. T. Clay
aufmerksam machte, lesen wir als den Sohn eines *Nabû-lum-iddina* einen gewissen
ᵐ· ⁱˡ*Ad-du-(m)uballit(it)*, welcher *Nabon.* 808, 11 = ᵈⁱᵍⁱʳ*IM-(m)uballit(·it)* geschrieben ist. Cf. hierzu das oben unter Beispiel 1, Anmerk. 2 ausgeführte.

[*Ri-*]*ib-Ḫa-ad* [-*di*] (*ib.* 80, 1) oder aber — und dies am häufigsten — *Ri-ib* ᵈⁱⁿᵍⁱʳ*IM* (*ib.* 43, 1).

5. Ebenfalls sicher ist — was bereits Winckler-Schrader in
Z. A. III, 364 hervorgehoben haben, und was mit Recht als
Thatsache in das jüngst erschienene Buch von Thomas Friedrich, *Kabiren und Keilinschriften*, p. 86 übergegangen ist —
dass der wiederholentlich erwähnte *Abd-A-ši-ir-ta* (*Berlin* no.
60, 18; 61, 68), *Abd-Aš-ra-ta* (z. B. *Brit. Mus.* no. 23, 23) und
die *ib.* no. 35, 3 als *Abd-* ᵈⁱⁿᵍⁱʳ*RI* angeführte Person identisch
sind, also ᵈⁱⁿᵍⁱʳ*RI* durch *Aširta* (*Ašrata*) wiederzugeben ist.
Ich könnte leicht die Beispiele vermehren. Die gegebenen
genügen indessen, mein für die Lesung von kassitischen und
anderen fremdländischen Eigennamen vertretenes Princip zu
rechtfertigen und Winckler's demselben entgegengestellte Erklärung (p. 114) zu entkräften.

Es kann natürlich hier nicht meine Absicht sein, den Ausführungen des Berliner Gelehrten auf Schritt und Tritt nach-
zugehen und an allen Punkten, wo ich von demselben differiere, meine eigene Theorie vorzutragen. Auf zweierlei möchte
ich jetzt nur noch die Aufmerksamkeit lenken:

1. Winckler hat die Hauptthatsachen, welche in der Urkunde Bêl-nâdin-apli's berichtet werden, nicht verstanden,
indem er Jensen's, oben sub I für unmöglich erklärte Interpretation von *kumma* (√ᴄ·ᴘ) = "es blieb so" acceptiert, demgemäss
auch die chronologische Notiz unrichtig auffasst,[1] und schliesslich mit Oppert von einem "Abernten des Grundstückes"
redet, während der Text sagt, dass ein Stück jenes geschenkten
Grundstückes (Parcelle) abgetrennt war, welches auf Befehl
des Königs Bêlnâdinapli *ana pilkišu*, d. h. "seiner Parcelle," zu
der es früher als Teil gehörte, wieder zurückgegeben wurde.

2. Auf p. 160 f. seines Buches berührt Winckler die in den

---

[1] Er kann die allein richtige Auffassung auch nicht gebrauchen, da sie für seinen Ansatz von Nebukadrezar I in der Pashe-Dynastie verhängnisvoll werden
dürfte !

Fundamenten des Sargonspalastes zu Khorsabad gefundenen
sieben Tafeln. In Folge dessen, dass er meinen definitiven
Nachweis von *uknû* — Lapis lazuli (*Z. A.* VIII, pp. 185 ff.) einfach ignoriert und statt dessen seine durch absolut nichts zu
rechtfertigende Ansicht, dass *nknû* — "Antimon" sei, aus
Altorientalische Forschungen I, p. 150, noch einmal vorträgt,
gelangt er zu einer höchst sonderbaren Ansicht von zwei in
den Inschriften öfters erwähnten Steinen. Die Tafeln be-
standen bekanntlich aus

1. *ḫurâṣu* — Gold,
2. *kaspu* — Silber,
3. *erû* — Bronze,
4. *anaku* — Zinn,
5. *A-BAR* — "Weisse, weiche Steinart," [1]
6. *uknû* — Lapis lazuli,
7. *GIŠ-ŠIR-GAL* — (Alabaster oder) Kalkstein.[2]

Winckler identificiert die ersten vier Metalle ebenso. *A-BAR*
dagegen hält er für "Blei," *uknû* für "Antimon," *GIŠ-ŠIR-GAL* für "Alabaster."

Von diesen Tafeln sind nur vier erhalten, nämlich die von
Gold, Silber, Bronze und diejenige, welche Lyon, *Keilschrifttexte Sargon's*, pp. 27 und 57, zweifelnd als "Antimon?" bezeichnet. Lassen wir vor der Hand einmal die Frage offen,
ob Winckler ein Recht hatte, jenes Fragezeichen zu ignorieren
und Antimon als eine feststehende Grösse in die Untersuchung

---

[1] Von Lyon, *Keilschrifttexte Sargon's*, p. xiii, 6, ist die sogenannte Antimon-Tafel in obiger Weise beschrieben.

[2] Wie Rost, *Die Keilschrifttexte Tiglat-Pileser's* III, p. 122 f. und Meissner und Rost, *Die Bauinschriften Sanheribs*, pp. 23 (no. 23), 25 (no. 29) nachgewiesen ha-
ben, bezeichnen *pûlu* und *GIŠ-ŠIR-GAL* (mit der wahrscheinlichen Aussprache *parûtu*) Alabaster und Kalkstein. Und zwar macht es Rost wahrscheinlich, dass *GIŠ-ŠIR-GAL* der Kalkstein (in seinen Varietäten) ist. Wir hätten also eine Tafel aus Kalkstein. Hiermit stimmt, dass wir auch in Nippur Fragmente von beschriebenen Platten und Vasen aus Varietäten des Kalksteines gefunden haben. Dieselben hatten ein sehr schönes Aussehen und das Material liess überdies sich leicht bearbeiten. [Cf. jetzt auch noch Jensen in *Z. A.* IX, p. 128.]

einzuführen, und sehen wir zunächst nur zu, welche von den
sieben Erz- und Steinnamen bis jetzt sicher identificiert werden
können. Über die ersten drei brauchen wir kein Wort zu verlieren. Entscheidende Stellen sprechen dafür, dass *anaku* =
Zinn ist. Daraus dass no. 7 für unsere Zwecke genau genug
bestimmt, *uknû* sicher als Lapis lazuli nachgewiesen ist, folgt
dass nur *A-BAR* mit Winckler's "Antimon" identisch sein
kann. Worin besteht aber in Wirklichkeit jene als "Antimon" unter den Gelehrten cursierende Tafel? Lyon be-
schreibt ihr Material auf p. xiii seines citierten Buches als eine
"weisse, weiche Steinart." Ich verstehe nicht viel von Mineralogie, aber es ist mir unfasslich, wie man die betreffende
Tafel auch nur zweifelnd für Antimon [1] hat halten können, gar
nicht davon zu reden, dass Winckler daraufhin, dass er dieselbe
für Blei hält, eine ganz neue Bestimmung zweier assyrischer
Steinnamen vornimmt. Es wäre zur Not verständlich, dass
jemand Antimon und Blei mit einander verwechselt, zumal wenn
er ersteres sich nie genau besehen, vielleicht nur davon gehört
hat, aber es ist mir unverständlich, wie man Blei oder Antimon,
die an Härte, Farbe, specifischem Gewicht radical von irgend
einer "weichen, weissen Steinart" verschieden sind, aus der
Beschreibung Lyon's hat herauslesen können. Soviel wage
ich also schon jetzt, ohne jene Sargon's-Tafel je gesehen zu
haben, mit Bestimmtheit zu behaupten, dass Antimon unter
den von Sargon zu seinen sieben Tafeln verwendeten Mate-
rialien nicht vertreten sein kann, wenn anders Lyon's Beschreibung derselben richtig ist. Es wäre auch sonderbar, dass nur
Sargon Antimon als Material für Tafeln benützt haben sollte,
während die ganze andere Keilschriftliteratur von solchem
Gebrauch nichts weiss, resp. die Ausgrabungen uns bisher
nichts darüber geliefert haben.

[1] Denn soviel mir bekannt, ist der chemisch unreine Magnesit, wie er besonders
in Steiermark heute gefunden wird, in Babylonien und Assyrien nicht verwertet
worden. Nur mit diesem chemisch unreinen Magnesit könnte ein Laie zur Not
Antimon verwechseln. Im Übrigen cf. weiter unten.

Dürfte ich aus der laienhaften Kenntniss, die ich mir durch
die Liebenswürdigkeit meiner Collegen an der Universität von
Pennsylvanien, der Professoren für Mineralogie und Chemie,
in deren Laboratorien in Verbindung mit einer eingehenden
Beschäftigung der in Nippur von uns ausgegrabenen Steinarten
erworben habe; dürfte ich weiter aus den Thatsachen, dass
auf Sargon's Tafeln *A-BAR* stets unmittelbar neben *uknû*
steht, und dass die meisten ausgegrabenen beschriebenen Vo-
tivobjecte aus dem Tempel des Bêl in Nippur nächst Lapis
lazuli [1] gerade aus einer solchen "weissen, weichen Steinart"
bestehen (cf. meine Ausführungen in Z. A. VIII, p. 187 f.),
einen Schluss ziehen, so würde ich den *A-BAR* für Magnesit
erklären. Zwei Scepterknäufe aus diesem Material finden sich
in meinen O. B. I. pl. X, no. 22 und 24, bereits abgebildet.
Doch da es viele "weisse, weiche Steinarten" giebt, die nicht
Magnesit sind, da möglichenfalls dieses Mineral nur zur Kassitenzeit vorübergehend in Babylonien bekannt war, und da ich
schliesslich meine höchst mangelhaften mineralogischen Kenntnisse nicht "an den Mann bringen" möchte, so enthalte ich
mich einstweilen billigerweise aller weiteren Schlussfolgerungen
und halte nur vor der Hand die Identification des *A-BAR* mit
dem durch die Nippur-Ausgrabungen zum ersten mal unter
Assyriologen in grösserer Menge bekannt gewordenen, chemisch ausserordentlich reinen (Z. A. VIII, p. 188, Anmerk. 1),
weissen Magnesit für die nächstliegende, obwohl noch nicht
völlig gesicherte. Soviel aber bezeichne ich als gesichertes
Resultat meiner Untersuchung, dass seitdem *uknû* als Lapis
lazuli fest steht, *A-BAR* auf keinen Fall Antimon (Lyon) oder
Blei (Winckler), sondern eine ohne Analyse jener Pariser Tafel
nicht näher zu bestimmende "weiche, weisse Steinart" ist.

[1] In Z. A. VIII, p. 188, gab ich an, dass c. 30-35 deutsche Pfund von Lapis
lazuli (ächt und unächt, verarbeitet und Rohmaterial) in Nippur gefunden seien.
Nachdem ich im Sommer 1893 alles Material, auch das im Kaiserlichen Museum
zu Constantinopel zurückgelassene, habe wiegen lassen, ergeben sich c. 70 Pfund.
Der Gesammtbetrag des (verarbeiteten und unverarbeiteten) ausgegrabenen Magnesit beläuft sich auf c. 25 Pfund.

Nachschrift.

Gestern Abend, am 12. April, hielt Professor Haupt von
Johns Hopkins University, Baltimore, vor den Mitgliedern des
"Oriental Club of Philadelphia" einen Vortrag über die vier
Paradieses-Ströme. Im Laufe desselben bemerkte er, dass
durch die Untersuchung der vierten Pariser Sargon-Tafel seitens eines französischen Gelehrten[1] festgestellt worden sei, dass
dieselbe aus Magnesit bestehe, und dass demgemäss, da *uknû* =
Lapis lazuli, *A-BAR* und Magnesit identisch sein müssen.
Ich unterschreibe dieses von Haupt auf etwas anderem als dem
von mir oben eingeschlagenen Wege erreichte Resultat von
ganzem Herzen und freue mich, dass meine oben auf die Resultate von Nippur hin nur ganz schüchtern ausgesprochene
Möglichkeit so schnell ihre Bestätigung gefunden hat. Hätte
ich etwas von der Analyse jener Pariser Tafel gewusst, deren
erste Notiz ich Professor Haupt verdanke, so hätte ich mich
natürlich ebenso positiv ausgedrückt als letzterer, der auf Grund
jener Kenntniss zu einem bestimmteren Resultate über jene
Steinart als ich selbst gelangen musste.

PHILADELPHIA, April 13, 1894.

[1] [Berthelot im *Bulletin de l'Académie des Inscriptions*, nach brieflicher Mitteilung Halévy's vom 17. Juli 1894.]

V.

Die Ergänzung der Namen zweier Kassitenkönige.

In *Z. A.* VII, pp. 305–318 habe ich den Beweis erbracht,
dass Kadashman-Turgu der Sohn und unmittelbare Nachfolger
des Nazi-Maruttash gewesen ist. Cf. nunmehr auch *O. B. I.*
pl. 23, no. 61. Eben daraus ergab sich von selbst, dass der auf
S. 2106, 9[1] hinter Nazi-Maruttash folgende Abschnitt, von
dem leider nur die ersten zwei Zeilen — und auch von ihnen
Anfang und Ende abgebrochen — erhalten sind, sich nicht mit
Delitzsch (*Übersicht* am Ende seiner *Geschichte Babyloniens
und Assyriens*) auf seinen unmittelbaren Nachfolger beziehen
konnte (*Z. A.* VII, pp. 317 f.). In meinen *O. B. I.* p. 11 f. (cf.
p. 38 und Anmerk. 1) behauptete ich, dass jener König vielmehr zu *Bibeiâšu*[2] zu ergänzen und derselbe mit dem aus der
grösseren babylonischen Königsliste bekannten *Bi-be*[3] identisch
sei. Für den Beweis meiner Annahme verwies ich auf einen
Aufsatz, den ich an die Redaction der *Z. A.* mit anderen
Arbeiten eingesandt hatte. Da aber Professor Bezold, in zuvor-
kommendster Weise meine Wünsche erfüllend, die als "notwendig" bezeichneten Abhandlungen zuerst abdruckte und

---

[1] Veröffentlicht in Winckler's *Untersuchungen zur Altorientalischen Geschichte*,
p. 152, oben.

[2] Cf. Winckler, *Untersuchungen*, pp. 146 f. und die neue kritische Ausgabe der
Liste von Knudtzon in dessen *Assyrische Gebete an den Sonnengott*, p. 60.

[3] Von Tiele, *Geschichte*, p. 110, zweifelnd *Gašmit* (?), von Hommel, *Geschichte*,
p. 442, *Bibil*, von Winckler, *Geschichte*, p. 92 "Kashbe (?)" gelesen. Zu allen diesen Lesungen liegt nicht die geringste Veranlassung vor. Ich bemerke mit Ver-
gnügen, dass Winckler in seinen *Altorientalischen Forschungen* II, pp. 110, 123,
die von mir in *O. B. I.* vertretene natürlichste Lesung *Bi-be* angenommen hat.

meine inzwischen an den Nippur [1]-Tafeln fortgesetzten Arbeiten mehreres Neue dazu lieferten, wodurch das im Manuscript Gegebene der Ergänzung bedürftig wurde, bat ich um Zurücksendung des letzteren. Seitdem ist bereits meine Gleichsetzung von *Bibe* und *Bibeidsu*[2] und die entsprechende Ergänzung auf *S.* 2106 als Thatsache angenommen.[3] Gerade deswegen halte ich es doppelt für angezeigt, jenen bisher nicht erbrachten Beweis, auf den ich an verschiedenen Stellen meiner *O. B. I.* hinwies, wirklich zu bringen, damit wir bei den ohnehin schon verwickelten Fragen der Chronologie nicht den sicheren Grund unter den Füssen verlieren. Die Gründe ihrer Identicität will ich dabei unter folgenden Punkten, vom Bekannten ausgehend, übersichtlich aufführen:

1. Das als *S.* 2106 bezeichnete Bruchstück der synchronistischen Geschichte giebt zu Anfang der Vorderseite Ereignisse aus der Regierung von Nazi-Maruttash und seines assyrischen Zeitgenossen, am Ende der Rückseite solche aus der Zeit des babylonischen Königs Marduk-balâtsu-iḳbi (ll. 6 und 8) und seines assyrischen Zeitgenossen Samsi-Rammân II (l. 7). Der unmittelbar auf Nazi-Maruttash folgende Abschnitt, von dem nur die fraglichen zwei Zeilen verstümmelt erhalten sind, muss also Ereignisse erzählt haben, die zwischen dem Tode des

---

[1] Herr Professor Nöldeke hatte die Liebenswürdigkeit, mir brieflich über den Namen *Nippur-Niffer-Nuffur* folgendes mitzuteilen : " Jaqût, s. v. schreibt *Niffar* vor, und dementsprechend steht bei Assemani 2, 459 = 3, 1, 668 *Ni-f-r* mit Plenarschreibung des *i* (woraus aber nicht etwa auf Länge des Vocals zu schliessen ist). Ich möchte glauben, dass auch "*Nipparene . . . . urbis et gentis Persicae nomen habet*," Plin. *h. n.* 37, 10 (§ 175) unseren Ort meint. Ich sehe eben in Rabbinowitz die Variante zu *Talm. bab., Jema* 10a nach und finde, dass auch da נ"פ am besten bezeugt ist. Die heutige Aussprache mit *u* wird durch den Labial verursacht sein." Aus Mangel an entsprechenden Typen habe ich das Arabische und Syrische Wort in Transscription gegeben.

[2] Ich bezeichne das *a* als lang, weil auf den datierten Tafeln der König ganz gewöhnlich *Bi-b-ia-a-šu* geschrieben ist.

[3] So Delitzsch, *Assyriologische Miscellen*, p. 186, Anmerkung 2 ; Winckler, *Altorientalische Forschungen* II, pp. 110, 123, 133. Cf. dagegen Oppert's Zweifel, *Z. A.* VIII, p. 364.

Nazi-Maruttash und dem Regierungsantritt des Marduk-balâtsu-
ikbi liegen. Weil aber der Abschnitt gleich auf Nazi-Maruttash
folgt und überdies das grössere Stück der Tafel fehlt, auf dem
noch andere Ereignisse, die zwischen den beiden Grenzpunkten
passierten, erzählt worden sind, müssen jene Zeilen auf Ereignisse sich beziehen, die nicht allzu lange nach Nazi-Maruttash's
Tode passierten, zumal wir aus der synchronistischen Geschichte und aus sonstigen Inschriften wissen, dass gar manches in jener Zeit zwischen Assyrien und Babylonien vor sich
ging, das billigerweise auf dieser Tafel im Auszug erwartet
werden muss. Daraus ergiebt sich als wahrscheinlichstes Resultat, dass die zwei Zeilen den Namen eines Herrschers der
Kassiten-Dynastie enthalten haben werden.

2. Der Name dieses Kassitenkönigs ist zum Teil noch erhalten, da das letzte Zeichen ganz und von dem vorhergehenden
zwei übereinanderstehende perpendiculäre Keile in Winckler's
Ausgabe deutlich zu erkennen sind. Derselbe muss auf *šu*
geendigt haben, weil das betreffende Zeichen nur diesen einen
Lautwert im Assyrischen hat, und es als Ideogramm in Personennamen nicht verwendet zu werden pflegt. Sehen wir uns
nun daraufhin die Namen derjenigen Kassitenkönige, welche
sicher nach Nazi-Maruttash regierten (ja aller Kassitenkönige
überhaupt) an, oder, wenn wir ganz vorsichtig sein wollen, aller
Herrscher, welche in den nächsten 300 Jahren nach Nazi-
Maruttash's Tode, d. h. bis zum Ende der sechsten Dynastie,
über Babylonien regierten,[1] so können wir nur einen, der die

[1] Wir kennen alle Namen mit Ausnahme dreier noch fehlender Könige der
Pashe-Dynastie, die aber kaum in Betracht kommen, well, von anderen naheliegenden Gründen ganz abgesehen, sie nicht sehr bedeutend für Assyrien gewesen
sein können, da wir sonst ihren Namen wohl schon in dem nicht mehr ganz spärlichen Materiale begegnet wären. Von den Namen der letzten drei Könige habe
ich mit grosser Wahrscheinlichkeit einen als den König Marduk-ahê-irba, aus dessen Regierungszeit der Papierabklatsch einer Urkunde in meinem Besitze ist, oben
sub I, p. 33. identificiert. Von den andern zwei Namen ist soviel erhalten, um
mit ziemlicher Sicherheit zu sagen, dass sie auf eine Verbalform endigten.
Welche Verbalform in einem rein-babylonischen Personennamen, dessen erster
Bestandteil ein Singular ist, sollte aber *u* am Ende haben?

Bedingungen erfüllt, hierhersetzen, nämlich *Bibeidšu*, von dem
O. B. I. pl. 26, no. 70, 71 (und vielleicht 72), herrühren. Er
endigt sich nicht nur auf *šu*, sondern wird auch den vor *šu*
stehenden Spuren in jeder Weise gerecht. Derselbe muss
dann aber nach *Nazi-Maruttaš* gelebt haben.

3. Dieser *Bibeidšu* [1] ist ohne Zweifel identisch mit dem in der
Liste aufgeführten *Bibe*. Denn auch dieser hat ja nach Nazi-
Maruttash regiert. Da uns überdies sonst kein mit *Bibe* an-
fangender Kassitenkönig bekannt ist, und Verkürzungen von
kassitischen Namen, wie unten gezeigt werden wird, ganz gewöhnlich vorkommen, dürfen wir die Gleichung mit einiger
Sicherheit wagen. Denn

4. Dieses Resultat findet seine weitere Bestätigung daran,
dass der Vater des *Bibeidšu* den Namen *Šagarakti-Šuriaš*
geführt (*O. B. I.* pl. 26, 70),[2] und dass nach der Liste *Bibe's*
Vater ebenfalls mit *Šagarakti* angelautet hat.

Die Namen beider Väter scheinen also ebenfalls identisch
gewesen zu sein. Sehen wir uns diesen Punkt etwas näher an.
Nach Knudtzon's neuer kritischer Ausgabe der Liste endete
der Name von Bibe's Vater in Übereinstimmung mit Winckler's Ausgabe zwar nicht ganz sicher auf *aš*[3] (Brünnow, *List*
6741), doch halte ich diese Lesung immer noch für das wahrscheinlichste. Denn abgesehen davon, dass die Tafel an dieser

---

[1] Es ist wahr, dass Ilibeidshu auf den in *O. B. I.* mitgeteilten Inschriften sich
mit dem Zeichen *šu* statt *šu* geschrieben findet. Aber natürlich beweist dieser
Umstand nichts gegen die Identification. Für ängstliche Gemüter (cf. *Z. A.* VIII,
p. 217) will ich zur Beruhigung ausdrücklich bemerken, dass unter den 27 Tafeln,
die, nach der Regierung dieses Königs datiert, bis jetzt unter meine Hände gekommen sind, 13 den Namen mit *šu*, dagegen 14 ihn wie auf dem Fragment
S. 2106, 9, mit *šu* schreiben. Auf der 27sten Tafel ist entweder *iašu* (was wahrscheinlich) weggebrochen, oder der Name war wie in der Königsliste nur *Bi-be*
geschrieben.

[2] Dazu kommen jetzt noch zwei gleiche Scepterknäufe aus Magnesit, auf denen
sich *Bibeidšu* in derselben Weise bezeichnet.

[3] Delitzsch's Ansicht (*Assyriologische Miscellen*, p. 186; cf. auch Winckler,
Z. A. II, p. 310) ist, glaube ich, in Anbetracht des verstümmelten Zustandes der
Tafel zu positiv.

Stelle ohnehin abgebröckelt ist, also sehr wohl auch die kleinen
dünnen Verlängerungen der drei horizontalen Striche hinter
dem perpendiculären Keile beschädigt sein könnten, weiss
jeder, der ein paar tausend Thontafeln unter den Händen gehabt hat, wie ungenau oft die Schreiber in der Unterscheidung
der Zeichen *aš* und *ma* in der späteren Zeit sind. Für die Zeit
der Übergangsperiode (rund das zweite Jahrtausend v. Chr.) ist
dieselbe etwas so gewöhnliches, dass ich darüber kein Wort zu
verlieren brauche. Wenn man aber gleichwohl daran Anstoss
nimmt, so mag man *š* lesen. Denn dieser Lesung steht nach
den Spuren auch nicht das Geringste entgegen. Zwischen *rak*[1]
und *aš* kann nach Knudtzon nur ein Zeichen — und nach den
erhaltenen Spuren nur *ti* — gestanden haben. Demgemäss
muss der Vater des *Bibe*[2] als *Šagaraktiaš* (*Šagaraktišu*) angesetzt werden. Wir haben also als Vater und Sohn die folgenden Paare nebeneinander :

I	II
Šagaraktiaš (*Šagaraktišu*)	*Šagarakti-Suriaš*
Bibe	*Bibeiašu*

Um sie mit Berücksichtigung von dem unter 3 Ausgeführten
definitiv gleichzusetzen, müssten wir nachweisen, a) dass derartige Verstümmlungen,[3] wie sie hier für I im Vergleich zu II
anzunehmen sind, auch sonst in der Kassiten-Dynastie vorkom-

[1] Zur Lesung des Zeichens als *rak* (nicht *laš*) cf. Hilprecht, Z. A. VIII, pp. 386 f.
[2] Man könnte auf den Gedanken kommen, dass die zwei letzten Zeichen, welche auf Bibe in der Liste folgen, *iš-šu* statt *TUR* (= *māri*)-*šu* zu lesen, d. h. *TUR*
nur verschrieben sei. Aber eine solche Annahme hätte nicht die geringste
Stütze. Denn 1) ist die Lesung *TUR* durch die sechs Zeilen später stehenden
Schlusszeichen gesichert, 2) sehen sich die beiden Zeichen *TUR* und *iš* in keiner
Periode der babylonischen Schrift zum Verwechseln ähnlich, 3) wird die Angabe der Liste von der Sohnschaft durch die Notiz von *Bibeiašu*, mit dem wir
ihn oben schliesslich identificieren werden, gesichert, 4) finden sich auch sonst genug Beispiele von Verstümmlungen kassitischer Königsnamen, so dass wir die
Identität beider auch ohne eine Textemendation nachweisen können.
[3] In Wahrheit sind diese und ähnliche kurze Schreibungen kassitischer Eigennamen keine Verkürzungen, sondern Verstümmlungen. Denn man kann sich

men; b) dass wenigstens einer der unter II angeführten längeren Namen in verstümmelter Form auch sonst belegbar ist;
c) dass innerhalb des in Betracht kommenden Zeitabschnittes
nur Raum für ein Paar von diesen Königen ist.

Ad a. Nach Nabuna'id's Angaben wird der König, welcher
800 Jahre vor ihm am Tempel Eulmash in Sippara der Anunitu
(= Agade = Akkad) baute, in v *R.* 64, col. III, 28 : *Sagarakti-
Burias*, in 1 *R.* 69, col. III, 20 : *Sagarakti-ia-as* (ein Name,
der sich mit meinem oben vorgeschlagenen, verkürzten deckt)
genannt. Diese beiden sind also identisch, und der eine ist
um das Wort *bur* verkürzt. Konnte aber dieses Wort ohne
weiteres fortfallen, so sieht man keinen Grund ein, warum
nicht ebensogut *sur* in unserem Namen ausgelassen werden
konnte. Doch auch sonst sind derartige Verstümmelungen
ziemlich häufig. So *Bur-Burias* statt und neben *Burn(r)a-
Burias; Naziratias* statt und neben *Nazi-Ma(mu)-ra(ru)-ttas*
(cf. zu beiden meine Bemerkungen in *Z. A.* VIII, p. 387);
Su-zi-ga-as neben *Na-zi-bu-gas* (*O. B. I.* p. 37; Winckler, *Altorientalische Forschungen* II, p. 116). Cf. auch die Verstümm-
lung des Namens *Kurigalzu* in *Dûri-gal-zi* (Layard, *Inscriptions
in the cuneiform character* 52, 5; 11 *R.* 48, 21 c. d.) statt und
neben *Dûr-Kurigalzu,* resp. *Kirigalzu* (cf. Stellen in Delitzsch,
Paradies, p. 207).[1]

Ad b. Es ist von Interesse und Wichtigkeit, dass *Sagarakti-
Surias* ganz gewöhnlich auf den datierten Tafeln in Verstümm-
lung erscheint. Cf. bereits meine Mitteilung in *Z. A.* VIII,
p. 387. Von 33, in seiner Regierung datierten Tafeln, die ich

leicht vorstellen, welche Mühe es einer semitischen Zunge kosten musste, ein
Wort wie *Sagarakti-Surias* auch nur annähernd richtig auszusprechen. Mit dieser
Auffassung stimmt überein, dass die meisten solcher Veränderungen nicht am
Ende oder Anfang des Namens, wie bei Verkürzungen assyrisch-babylonischer
Eigennamen die Regel ist, vorgenommen werden, sondern gerade in der Mitte
stattfinden.

[1] Den Namen *Kan(de)* statt und neben *Kandal* (*O. B. I.* pp. 28–30) und die
verschieden geschriebenen Namen anderer älterer Kasshenkönige lasse ich aus
guten Gründen hier einstweilen unberücksichtigt.

bis jetzt kenne, haben 16 die vollständige Form des Namens,
auf drei ist er zum Teil abgebrochen, auf allen übrigen 14 Tafeln ist er in verkürzter Form gegeben, nämlich entweder als
Sagarti(c)-Surias oder *Sakti-Surias* und einmal *Sagarte-Suria*.
Aus dem Gesagten erhellt, dass, weil aus *Sagarakti-Burias*
Sagaraktias wurde, auch *Sagarakti-Surias*, dessen Name gern
verkürzt ward, und in drei verstümmelten Formen vorliegt,
Sagaraktias werden konnte. Liest man aber *Sagaraktisu*, so
ist die Identität noch wahrscheinlicher. Jedenfalls haben wir
guten Grund, *Sagarakti-Surias* = *Sagaraktias* (oder *Sagaraktisu*)
zu setzen. Dadurch gewinnt dann aber auch die frühere
Gleichung *Bibe* = *Bibeiasu*, die von Haus aus wahrscheinlich
war, eine neue Stütze. Jedoch ist hiermit die Identität noch
immer nicht absolut erwiesen.

Ad c. Wäre es doch an und für sich wohl möglich, dass es
zwei Paare von Königen gegeben hätte, derart, dass die Väter
und Söhne je dieselben Namen führten. Indessen da beide
Paare nach *Nazi-Maruttash* gelebt haben müssen, da alle nachfolgenden andern Könige der Kassiten-Dynastie, ausser Shagaraktiash und Bibe, bekannt sind, demnach kein Platz mehr für
ein zweites Paar vorhanden ist, so folgt eben daraus mit absoluter Notwendigkeit, dass auch die Träger der zwei Paare von
Namen identisch gewesen sind.

Dies sind die Gründe, welche ich für meine Identification
und die Ergänzung der Namen in der Liste und *S.* 2106 vorzubringen habe. Winckler hat meine Restauration der betreffenden Stellen und die darauf basierte Identification auch ohne
den hier erst erbrachten Beweis angenommen. Er hätte dies
um so weniger thun dürfen, da er meine Gleichsetzung von
Kadasman-Turgu = *Kadasman-* *dingir EN-LIL* für unerwiesen
hält, obgleich er dieselbe dennoch schliesslich p. 133 (cf. p. 137)
zu acceptieren geneigt ist. Denn mit Berücksichtigung dessen, was ich in *O. B. I.* p. 34, Anmerk. 2, als neuen Grund
angeführt habe, konnte an deren Identität nicht wohl gezwei-

felt werden, während andererseits zur Erreichung der obigen
Gleichung eine ganze Reihe von Combinationen und Voraus-
setzungen von nicht grösserer überzeugender Kraft zuzulassen
waren. Hatte er aber einmal zwei überschüssige Könige, die
er nicht gut unterzubringen vermochte, angenommen, so
konnte es ihm doch kaum auf ein Paar mehr oder weniger an-
kommen. In Verbindung mit der Ergänzung des Namens von Bibe's
Vater in der Liste ist stets eine andere Frage erörtert worden,
ob nämlich nicht Shagarakti-Buriash zu lesen und in diesem
der aus Nabuna'id's Inschriften bekannte König, der am Tempel Eulmash baute, zu erkennen sei. Pinches, Hommel und
Tiele [1] waren früher sehr geneigt, diese Combination anzunehmen, während Winckler dieselbe beständig [2] zurückwies, wie
wir oben sahen, mit vollem Recht. Die genannten Gelehrten
sahen um so weniger einen Grund gegen ihre Identification, als
der nur in Spuren erhaltene Name des Vorgängers von *Sagarakti-Surias* nach Hommel (*Geschichte*, p. 441, Anmerk. 5) ohne
Schwierigkeit zu *Kudur-* ^{dingir}*EN-LIL* [3] ergänzt werden konnte,

[1] Citate siehe bei Winkler, *Z. A.* II, p. 310.
[2] Cf. *Z. A.* II, p. 311; *Untersuchungen*, p. 30; *Geschichte*, p. 329, Anmerkung
16, und jetzt noch *Altorientalische Forschungen* II, p. 309 f.
[3] Hommel bemerkte ganz mit Recht, dass zwar *Kudur-* ^{dingir}*EN-LIL* bei Nabuna'id nicht König genannt wird, er aber ganz gut König sein konnte. Wir
wissen jetzt aus den Votiv-Inschriften der Kassitenkönige und aus den zahlreichen,
nach ihren Regierungen datierten Tafeln, dass dieselben nur selten irgend einen
Titel ihrem Namen beifügen, obwohl sie als Könige besaugt sind. Demgemäss
ist auch die von mir in *O. B. I.* pl. 25, no. 64 publicierte Inschrift von vornherein
als dem "König" *Ku-dur-* ^{dingir}*EN-LIL* zugehörig anzusehen. Dies wird jetzt
nur absoluten Sicherheit erhoben, da derselbe datierte Tafeln unter den in Nippur
ausgegrabenen hinterlassen hat, auf deren einer zum Überfluss hinter dem Namen
das Wort *Iarru* steht. (*U. P. Catalogue* no. 9184.)
  Da neuerdings die Frage über die *Iarrat killati* wieder lebendig discutiert wird,
und ich zu der in *O. B. I.* p. 23, Anmerk. 2 angekündigten Untersuchung (unter dem
Druck vieler anderer Arbeiten) dieses Jahr vielleicht noch nicht kommen werde, will
ich den Fachgenossen wenigstens das aus den Nippur-Tafeln der Kassiten-Dynastie
hinzukommende neue Material hier mitteilen. Der Regel nach führen die Kassitenkönige überhaupt hinter ihrem Namen, wie bereits angedeutet, keinerlei Titel,

zumal wenn man ein kleines Versehen des babylonischen
Schreibers zu Hilfe nahm. Man könnte auch jetzt noch auf
den Gedanken kommen, dass jener Vorgänger des *Šagarakti-
Surias* doch *Kudur-* *dingir* *EN-LIL* in der Liste zu lesen sei,
und dass Nabuna'id in Wirklichkeit unsern *Šagarakti-Surias*
(zumal derselbe ja nach der wahrscheinlichsten Lesung in der
Liste fast ebenso zu *Šagaraktias* wie der von ihm 1 *R.* 69, col.
III, 20 erwähnte abgekürzt wurde) gemeint habe, aus Versehen
aber das Zeichen *Sur* (Brünnow, *List*, 2961 b.) für *Bur* (Brünnow, *List*, 6971 b.) gelesen habe, das ja nur durch drei horizontale Striche mehr am Anfang von jenem verschieden ist.
Und in der That ist ein hervorragender Vertreter der Assyriologie in Europa nach brieflicher Mitteilung sehr geneigt, diese
Ansicht auch jetzt noch zu vertreten. Ich halte es daher
am Platze, die Unmöglichkeit derselben hier nachzuweisen.
Gegen dieselbe spricht :

1. Die Annahme eines Versehens Königs Nabuna'id in
v *R.* 64, col. III, 28 und 31, ausser in der Zeitangabe im
Namen, und zwar an zwei Stellen, obwohl nach sonstiger
Annahme gerade eine zweite Stelle die Richtigkeit der
ersteren stützt. Auch ist es höchst unwahrscheinlich in

oder es folgt einfach *larru* oder es folgt *lar E*, resp. *lar KA-DINGIR-RA-KI*
(selten!). Daneben bin ich aber bisher drei datierten Tafeln begegnet, auf denen
der König den Titel *lar killati* führt, nämlich 1) *A'urigalzu* (sicher der II.1 datiert
13. Jahr, 30. Abu ; Zeichen *A'IŠ*, Brünnow, *List*, 8903); 2) *Nazi-Maruttas* (datiert
11. Jahr, 26. Tasritu ; dasselbe Zeichen); 3)*Kadalman-Turgu* (datiert 2.(?) Jahr, 25.
Sabätu, Zeichen *ŠAR*, Brünnow, *List*, 8221). Dazu kommt noch ein im Privatbesitz meines Freundes, Dr. Ward (New York), befindlicher "Siegelcylinder" mit
einer neunzeiligen altbabylonischen (Sumerischen) Keilschriftlegende, die in
O. B. I. part II mit gütiger Erlaubnis des Eigentümers publiciert ist. Anfang
und Ende der Legende lauten : 1. "Dem Rammân, dem erhabenen Herrn (und)
Richter 2. welcher Fruchtbarkeit regnen lässt," 3-5 etc., etc. 6. "*U-zi- dingir-Su-
gab* (cf. Delitzsch, *Kossäer*, p. 25, l. 12, wonach *Sugab* = babyl. *Nergal*) 7. *dumu
=Kal-li-i* 8. *uru Bur-na-bu-ri-ia-aš* 9. *lugal A'IŠ*, i.e. "(hat) Uzi-Shugab, der
Sohn des Kaisû (also ein Kassit), Diener des Burnaburiash, Königs von A'IŠ (hier
natürlich schon = " der Welt") (scil. " es geweiht ")." Für zwei andere Cylinder
der Kassitenzeit (*A'urigalzu*), cf. Ménant, *Les pierres gravées*, 1, p. 193.

sich selbst, dass ein Archaeolog wie Nabuna'id, der so
trefflich mit der Geschichte der Tempel seines Landes
Bescheid wusste, und die Richtigkeit von dessen Angaben
an anderen Stellen wiederholentlich durch sonstige Texte
nachgewiesen ist, gerade hier ein Versehen gemacht haben
sollte, nachdem er über drei Jahre (1 *R.* 69, col. II, 53) die
alte Tempelurkunde hatte suchen lassen, also Geduld
und Sorgfalt genug bewies, um nicht zuletzt den Vorwurf übereilter Hast oder Ungenauigkeit auf sich zu
laden, einfach weil spätere Assyriologen durchaus eine
Theorie retten wollen. Überdies ist beachtenswert, dass
Jurias und *burias* gleicherweise als kassitische Götter
nachgewiesen sind.

2. Nachdem ich binnen der letzten fünf Jahre über
16,000 Keilschrifttafeln der verschiedensten Perioden untersucht habe, wird man mir gewiss eine gewisse Bekanntschaft mit den Eigentümlichkeiten der Schreiber und den
charakteristischen Merkmalen der Keilschrift in den verschiedenen Jahrhunderten, soweit dieselben durch Texte
vertreten sind, zutrauen. Es ist mir aber bei allem guten
Willen unmöglich, in den erhaltenen Spuren des betreffenden Namens der Liste, dessen erstes Zeichen übrigens
allein sicher ist,[1] irgend welche Ähnlichkeit mit dem Namen des *Kudur-* *dingir EN-LIL* zu finden, oder gar darin eine
schon vom Compilator der Liste verschuldete, "verderbte
Schreibung" zu erkennen. Wir enthalten uns besser
einstweilen jeglicher Combination, die sich auf den verstümmelten Text der Liste gründet.

3. Aber entscheidende Gründe verbieten geradezu, auch
nur die Möglichkeit zuzulassen, dass der Name des *Kudur-*
dingir EN-LIL an der betreffenden Stelle der Liste gestanden habe. Nach dem übereinstimmenden Zeugniss der
Herausgeber und Bearbeiter der Königsliste hat *Is-am(?)-*

---

[1] Cf. Knudtzon's Ausgabe, und Delitzsch, *Assyriologische Miscellen*, p. 186.

mi(?) .... *ti*(?) sechs Jahre regiert. Gemäss der oben erwähnten datierten Thontafel (*U. P. Catalogue* no. 9184) hat aber *Kudur-* ᵈⁱⁿᵍⁱʳ*EN-LIL* [1] mindestens acht Jahre den Thron Babyloniens inne gehabt. Dazu kommt weiter, dass 4. Nach Nabuna'id's Angabe *Sagarakti-Burias* 800 Jahre vor ihm am Tempel Eulmash gebaut haben soll. Rechnen wir, von Nabuna'id's Regierungsantritt ausgehend,[2] zurück, so ergiebt sich als ein Regierungsjahr

[1] Dieselbe ist eine Quittung datiert "im 8. Jahre am 12. Addaru des Königs ᵈᵘ*A'u-dur* (dasselbe Zeichen als *ku*)-*ri*- ᵈᵘ*EN-LIL*." Die assyrische Endung *kudurri* beweist natürlich zunächst nicht, dass das Wort semitisch ist = *kudurru* "Grenze, Gebiet." Die blosse Bedeutung des Namens "Diener des Bêl," wie doch wohl zu übersetzen ist, spricht dagegen. Ich weiss wohl, dass daneben auch das Wort *kudurru* "eine Kopfbekleidung, Turban" existiert. Aber vom Turban zur Krone ist doch noch ein bedeutender Schritt. Und ich halte das Wort *kudurru* = "Krone" trotz allem was darüber geschrieben ist, für unerwiesen, muss daher auch Hommel's Übersetzung (*Geschichte*, p. 441, Anmerkung 4) = "(Meine) Krone ist der Gott Bêl" zurückweisen, zumal sie in das Ideogramm *NIN.GUB* noch ein Suffix hineinliest, was nicht dasteht (cf. darüber Schrader, *K. A. T.*² p. 362, Anmerk. *, und Hilprecht, *The Sunday School Times*, February 10, 1892, p. 115, Anmerk. 3, cf. *O. B. I.* p. 42, Anmerk. 1). Ich halte die Ideographische Schreibung V *R.* 64, col. III, 29 und 31 und die phonographische *A'u-dur-ri* für nichts weiter als einen Beweis dafür, dass die Babylonier das fremde Wort (cf. die Elamitischen Eigennamen, mit denen die kassitischen auch sonst manches gemein haben) *kudur* "Diener" mit ihrem eigenen *kudurru* "Grenze" zusammenwarfen. Wie dem aber auch sei, wenn man den ersten Bestandteil des Namens für semitisch hält, hat man *Kudur-Bil* zu lesen, wenn man ihn für kassitisch hält, wie ich selbst (und wenn ich *Altorientalische Forschungen*, p. 130 und Anmerk. 1 richtig verstehe, auch Winckler) glaube, nur *A'udur-Turgu*. Beiläufig möchte ich noch bemerken, dass der Name *O. B. I.* pl. 26, no. 75, positiv nicht mit Winckler (*l. c.* p. 111) zu *Kudur-Bil* ergänzt werden kann, sondern zu *Kurigalsu*, da Material, Fundort, Schrift — alles beweist, dass das Fragment Nazi-Maruttaš angehört.

[2] Man rechnet gewöhnlich vom Jahre 550 ab, aber ohne einen Grund dafür anzugeben. Der Umstand, dass Nabuna'id nur runde Zahlen in allen seinen Angaben gebraucht (denn anders kann man doch kaum 3200, 700, 800 auffassen), legt den Gedanken nahe, dass der König, dessen sonstige Sorgfalt über alle Frage steht, auch hierin eine ängstliche Gewissenhaftigkeit an den Tag legen will. Wie ich bereits unter no. 1 ausführte, war man in späterer Zeit mit dem besten Willen oft nicht im Stande, anzugeben, in welchem Jahre ein Tempel restauriert oder eine Schenkung an demselben gemacht war. Denn die Art der Zeitrechnung war

— etwa die Mitte oder das Ende seiner Regierungszeit — das Jahr 1355. Da wir nun aber alle Kassitenkönige bis zu Kurigalzu II (und etwas weiter hinauf) kennen, und der letztere nach meinem Ansatz[1] c. 1338–1284 regierte, wird dadurch erwiesen, dass *Sagarakti-Burias* vor Kurigalzu II, genauer zwischen c. 1360 (oder 1370) und 1338 regiert haben muss.

— nach unserer jetzigen Kenntnis seit der Zeit der Kassitendynastie — eine andere geworden. Früher sagte man, "im Jahre, da König N. dies oder das that," jetzt sagte man, "im 1., 6., 8., etc., Jahre des Königs N." Hatte man auch früher Listen, auf denen chronologisch jene Ereignisse, nach denen man rechnete, verzeichnet standen, so enthielten dieselben doch eben für jedes Jahr nur *ein*, das *wichtigste* Ereignis (sonst wäre ja auch Confusion in den Zeitangaben schon zur Zeit der Lebenden entstanden). Und es ist überhaupt sehr fraglich, ob untergeordnete Ereignisse für die einzelnen Jahre überhaupt registriert wurden. Auf den Tempel-Urkunden der Kassitenkönige hinwiederum ist das Regierungsjahr, in dem eine Schenkung gemacht oder ein Tempel erneuert wurde, etc., soweit überhaupt nicht angegeben. Also bleibt vor der Hand nur der Schluss, der durch die spätere Gewohnheit bestätigt wird, dass man auf den Thoncylindern, die man in den Grundsteinen der Tempel niederlegte, das Regierungsjahr gar nicht angab, Nabuna'id es demnach auch schwerlich genau ausfinden konnte. Des Königs Gelehrten werden daher genau so verfahren sein, wie der Priester zur Zeit Bêlnâdinapli's (oben p. 22 f.), d. h. sie berechneten die Zeit, welche zwischen dem Regierungsantritt Nabuna'id's und dem Todesjahre des *Sagarakti-Burias* lag, und fügten eine Kleinigkeit (aber nur eine solche!) hinzu, um eine runde Summe und damit zugleich das ungefähre Jahr, in welchem *Sagarakti-Burias* an Eulmash baute, zu erhalten. Die hinzugefügte Summe durfte aber ihrerseits kaum grösser sein, als die Gesammtzahl der Regierungsjahre jenes Königs. Bei dieser natürlichen und den wirklichen bekannten Verhältnissen Rechnung tragenden Annahme ist soviel sicher, dass die runde Summe stets sicher eines der Regierungsjahre des betreffenden Königs bezeichnet haben muss. Darnach ist meine Ansicht (in *O. B. I.* p. 37) über "approximate dates" umzuändern.

[1] Ich gab dem König in *O. B. I.* p. 37 als Regierungszeit c. 1306–1284. An dem Schlussjahr halte ich auch jetzt noch fest. Die Regierungszeit muss aber nach oben hin um 32 Jahre erweitert werden, da Winkler's Textausgabe, auf welche ich meine Berechnung im Zusammenhang damit, dass die älteste Tafel (in Nippur gefunden) aus seiner Regierung das 23. Jahr trägt, gründete, durch Knudtzon's neue Ausgabe und Winckler's eigene Collation (*Altorientalische Forschungen* II, p. 127 f.) an dieser Stelle irrig war. Da der König jung zur Regierung kam und nach der synchronistischen Geschichte lange regiert haben muss, ergänze auch ich die Spuren bei Knudtzon am wahrscheinlichsten mit Winckler zu 55.

5. Dieses Resultat der Grenzbestimmung findet seine Bestätigung in Nabuna'id's eigenen Angaben (1 *R.* 69, col. II, 29 ff.). Denn derselbe behauptet ja, dass Kurigalzu, Asarhaddon und Nebukadrezar, deren Spuren er anfänglich folgte, den alten Grundstein gesucht, ihn aber nicht gefunden hätten, und dass erst er selbst nach dreijährigem vergeblichen Suchen, und nachdem "auf Geheiss des Sin" er seine Arbeiten von neuem begonnen, Erfolg hatte, und wenn auch nicht den Grundstein von Sargon I oder Narâm-Sin, um den es ihm hauptsächlich zu thun war, so doch den des *Sagarakti-Burias*, der seinerseits wieder durch *Zabu* mit der Vergangenheit verknüpft war, gefunden hätte. Und wie *Sagarakti-Burias* von sich rühmt *parakkisunu assur, usûrâtisunu usallim*[1] (ll. 32-33), so hält auch Nabuna'id auf's peinlichste den alten Umriss und Tempelplan inne, so dass seine Construction "nicht einen Zoll nach aussen oder nach innen davon abwich" (l. 44). Daraus folgt doch mit Bestimmtheit, dass Kurigalzu-Asarhaddon-Nebukadrezar, die nicht erreichten, was Nabuna'id fand, nach *Sagarakti-Burias* gelebt haben müssen, und eben daraus, dass der Regierungsantritt Kurigalzu's nach 1355 liegen muss, daraus aber weiter, dass nur Kurigalzu II von Nabuna'id gemeint sein kann. Diese wichtige Notiz Nabuna'id's, durch welche zugleich die Richtigkeit von dessen 800 Jahren gesichert wird, ist merkwürdigerweise von den Assyriologen bisher ganz unberücksichtigt gelassen. Winckler hält es nicht einmal der Mühe für wert, diesen höchst wertvollen und ausführlichen Bericht des Königs unter seinen "in den Inschriften zerstreuten Angaben über die Regierungszeiten einzelner Herrscher" aufzuzählen (*Untersuchungen*, pp. 17-19). Und doch wird diese Angabe auch sonst für die Chronologie jener Periode von der grössten

[1] Cf. über die Bedeutung dieser Redensart meine Ausführungen oben, Aufsatz I, Commentar zu Rev. 1.

98   ASSYRIACA.

Tragweite, indem sie sofort einen neuen Beweis dafür liefert,
dass die traditionellen hohen Ansätze der Könige der Kassiten-
dynastie, gegen die ich in meinen *O. B. I.* anzukämpfen für
nötig fand, unrichtig sind.   Um sie richtig zu stellen und mit
den sich gegenseitig controllierenden Angaben Nabuna'ids in
Einklang zu bringen, muss man notwendigerweise Nebukadrezar I den ersten Platz in der Pashe-Dynastie einräumen.   Die
eben behandelte Nabuna'id-Stelle liefert also ein neues wichti-
ges Glied in der Kette meiner Argumente für Nebukadrezar I,
als den Begründer seiner Dynastie.

Freilich nach Winckler's Chronologie kann der arme Nabuna'id mit seinen Angaben nicht recht behalten.   Denn selbst
wenn man dieselben als runde Zahlen ansieht, "genügt das
noch nicht, um die Schwierigkeiten — nämlich die durch
Winckler hervorgerufenen — zu heben."[1]   Damit spricht
Winckler selbst seiner Chronologie das Gericht, und er wird
mir daher zu gute halten müssen, wenn ich mich nach einer
solideren Basis umsehe, und es einstweilen vorziehe, der Chronologie des königlichen Archaeologen und seiner babylonischen
Gelehrten, die an den Quellen sassen und dieselben allem An-
schein nach sorgfältig benützten und durchforschten, mich
anzuschliessen, statt einer, welche sich aufbaut auf Argumente,
wie "wenn wir so kaum bezweifeln können, dass . . . . so
brauchen wir auch weiter keinen Anstoss daran zu nehmen,
dass " . . . . "Ins Gedränge kommen wir aber doch bei dieser
Annahme, denn immerhin haben wir einige Mühe " . . . . "Wir
müssen also, wenn " . . . . "Hätte uns — so würden wir " . . . .
"Dann haben wir uns die Sachlage vielleicht so vorzustellen "
. . . . "So könnte man es sich auch erklären."[2]   Der Himmel
weiss, was man nicht noch alles "könnte," aber woran man
besser einstweilen sich nicht die Finger verbrennt.

[1] *Altorientalische Forschungen* II, p. 134.
[2] Dies findet sich zusammengedrängt auf den Raum von etwa einer Druckseite
in Winckler's *Altorientalische Forschungen* II, p. 118-119.

Indem ich mit Hülfe der durch Winckler's Verdienst fest-
gestellten Namen der neuen, von Pinches zuerst mitgeteilten
Chronik von Kurigalzu II ab meine Chronologie ein Stück
weiter nach oben fortführe, ergiebt sich als gesichertes Resultat und beruhend auf Nabuna'id's Doppelangabe, die folgende
Reihe:

Kurigalzu II,	c. 1338–1284 (wenigstens 23 Jahre),[1]
Nazibugash,	c. 1339,
Kadashman-Kharbe I,	c. 1343–1340,
Kara-Khardash,	c. 1353–1344,
Shagarakti-Buriash,	c. 1370–1354,
Kudur-Turgu,	c. 1380–1371 (wenigstens 8 Jahre),
Burnaburiash II,	c. 1410–1381 (wenigstens 25 Jahre).

Alles Übrige werde ich an einem anderen Orte im Zusammenhang mit der synchronistischen assyrischen und aegyp-
tischen Geschichte, wie bereits oben, p. 76, angekündigt,
behandeln. Es wird sich dort auch herausstellen, dass
Nabuna'id's weitere Angabe, dass Hammurabi 700 Jahre vor
Burnaburiash (nämlich dem I) gelebt haben soll, vollständig
richtig ist und durchaus im Einklang steht mit den selbst-
ständig davon gefundenen anderen Thatsachen.

[1] Die Angaben "wenigstens" beruhen auf Datierungen der Nippur-Tafeln.

VI.

König AN-MA-AN der Königsliste und Fürst AN-A-AN von Erech.

In seinem Aufsatz, *A Supplementary Note to Gibil-Gamish*
(*P. S. B. A.* vol. XVI, Nov. 7, 1893, pp. 13–15), hat Hommel
den von mir in *O. B. I.* pl. 15, no. 26, veröffentlichten kleinen
Text reproduciert, zum ersten Male transscribiert und übersetzt, und zweifellos den Inhalt dieser Legende richtig erschlossen. Daran knüpft er neben anderen Beobachtungen einige
sehr scharfsinnige Combinationen über die Gleichzeitigkeit der
ersten und zweiten babylonischen Dynastie, welche von ihm
seit längerem mit grossem Geschick vertreten wird, und über
die Identicität des Gründers der sogenannten zweiten babylonischen Dynastie mit dem auf der ersten Zeile des behandelten
Täfelchens stehenden Namen *AN-A-AN*, indem er die letzte
Hälfte *A-AN* gemäss Brünnow, *List*, 11393, als *ma* liest, und
den gesammten Namen *Anû-ma* (resp. *Ilû-ma*) nunmehr als
eine Verkürzung aus dem von ihm *Anû-ma-ilu* gelesenen Namen der Liste betrachtet : "I think it beyond all doubt that
the name *Anû-ma-ilu* of the list is only a fuller form for *Anû-ma*
of our text." Da solche Verkürzungen von Namen sich in
allen Perioden babylonischer Geschichte, aus denen uns eine
grössere Anzahl von Inschriften überkommen ist, ohne
Schwierigkeit nachweisen lassen, wird Niemand, ausser er hat
besondere Gründe, an dieser Zusammenstellung Anstoss nehmen. Und Hommel's Schlussfolgerung, dass demnach der
Gründer der zweiten Dynastie "was really only a prince of
Erech," und weiter, dass die meist *Uru-azag* oder *Sis-azag*
oder *Sis-ku* gelesene Stadt, von der jene Dynastie ihren Namen
erhalten hat, vielmehr *Uru-ku* zu transscribieren, dieselbe also

nur eine andere ideographische Form für *Uruk* – Erech sei,
schien vieles für sich zu haben. Jedenfalls ist die Hypothese
sehr bestechend. Wenn ich dieselbe jetzt gleichwohl für
unmöglich erklären muss, so geschieht dies aus Erwägung
von hauptsächlich folgenden Gründen:

1. Hommel's Wiedergabe der Zeichen *A-AN* durch *ma*
und des Namens des Gründers der ersten Dynastie durch
Ana-ma-ilu setzt die unbewiesene Hypothese voraus, dass
beide Namen semitisch zu lesen sind. Dagegen spricht
zwar nichts Positives soweit der zweite Name, der des
Fürsten von Erech, in Betracht kommt, doch ist derselbe dann, wie wir gleich sehen werden, ganz anders aufzufassen. Aber vieles spricht vor der Hand dagegen, dass
die Herrscher der zweiten Dynastie Semiten gewesen
sind, vor allen Dingen der Umstand, auf den Oppert mit
Recht in seinem unter no. I des öfteren citierten Aufsatze,
Le champ sacrée de la déesse Nina, p. 21, aufmerksam
macht (cf. oben p. 28), dass nicht ein Name dieser Dynastie
den Namen einer Gottheit enthält.[1] So lange Oppert's
Einwürfe nicht entkräftet sind, dürfen wir kaum mit
Delitzsch-Winckler-Hommel alle oder gar nur einige Namen der Dynastie semitisch lesen. Sehen doch überdies
die meisten derselben recht unsemitisch aus, wenn wir
dieselben zu übersetzen versuchen.

2. Nach Winckler, *Geschichte*, p. 67 f., ist der Name
der Stadt, aus dem die Dynastie stammte, *Uru-acagga* zu

[1] Es wird gewiss Niemand den letzten Namen dieser Dynastie, von Delitzsch
(*Geschichte*, Übersicht) und daraufhin von Winckler (*Geschichte*, p. 68) *Ea-gamil*
gelesen, als Beweis anführen. Denn diese Lesart, die niemals ohne Fragezeichen
hätte gegeben werden sollen, nimmt für sicher an, 1) dass das erste Zeichen mit
dem zweiten als Ideogramm zusammengehört, 2) dass dieses entweder *BH* oder
Ea zu lesende Ideogramm, trotzdem *BH* die häufigere Aussprache desselben ist,
hier gerade *Ea* bedeuten soll, 3) dass das letzte Zeichen den unerwiesenen Ideographischen Lautwert *gamilu* hat, oder aber dass die Silbe *mil* zu ergänzen ist.
Wie man sieht, nichts als lauter Hypothesen, die nicht einmal einen Grad von
Wahrscheinlichkeit für sich haben.

lesen, dieses wäre ein Stadtteil Babylons, der einfach für
Babylon selbst stünde. So "einfach" ist die Sache nun
freilich nicht, wie sie Winckler da hinstellt. Sie wollte
mir aus mehreren anderen Gründen nie einleuchten, wird
aber nunmehr durch den blossen Hinweis, dass gemäss
Knudtzon's zeitgemässer neuer Ausgabe der Liste überhaupt kein *azagga*, sondern ein *ḪA* (so!) im Texte steht,
erledigt. Ausser man nimmt nach bekanntem Muster
eine Verwechslung zweier Zeichen seitens des Schreibers
an (der das eine *KU*, wie das Zeichen auch gelesen werden
kann, Brünnow, *List*, 11818, mit dem andern *KU*—*azag*,
Brünnow, *List*, 9890, vermengte), gegen die ich aber von
vornherein als unwissenschaftliche Spielerei an unserer
Stelle protestiere, bleibt nichts von der schönen Theorie
bestehen. Dagegen dürfte Hommel nunmehr einen neuen
Grund für seine Lesung *Uruku* hierin finden wollen, um-
somehr als das *Uru-azag-ga* der Gudea-Inschriften nicht
mehr berücksichtigt zu werden braucht. Ich halte bei der
Annahme nichtsemitischen Ursprungs der Dynastie die
phonetische Lesung *Šiš-ḫa* für die natürlichste und naheliegendste. Da ich im übrigen ebensowenig wie die
anderen Assyriologen von den Herrschern derselben etwas
weiss, enthalte ich mich sachgemäss jedes weiteren Urteils,
zumal mir auch kein Ideogramm *ŠIŠ(URU)-ḪA(KU)* als
Stadtname bekannt ist. Der von Hommel hauptsächlich
aus seiner "zweifellos" angenommenen Identification der
beiden Personennamen hergeleitete Hauptgrund für die
Lesung *Uru-ku* ist dagegen leicht als irrig zu erweisen.
Denn

3. Es ist dem Münchener Gelehrten entgangen, dass
das von Winckler in Schrader's *K. B.*, vol. III, 1. Hälfte,
pp. 84–85 unter 3, c nach einer Copie von Peiser mitge-
teilte Täfelchen, *Brit. Mus.* 82, 7-14,181, von derselben
Person herrührt, welche sich auf dem von mir veröffent-

lichten Texte verewigt hat. Recht hatte Hommel zweifellos damit, dass der Namen auf l. 1 meines Textes
verkürzt geschrieben ist, im übrigen sind aber seine
Schlüsse unhaltbar. Denn hinter AN, welches als *dingir*
aufzufassen ist, war vielmehr der Name des Gottes $GIŠ$-
DUB-BA ausgelassen. Welcher Gott darunter zu verstehen ist, weiss ich freilich ebensowenig, als welches die
wirkliche Aussprache des ganzen Namens *dingir*A- *dingir*$GIŠ$-
DUB-BA gewesen sein mag. Das vor dem A geschriebene Determinativ *dingir* bezieht sich natürlich nicht auf
A, sondern auf den ganzen Namen und steht statt und
neben dem gewöhnlichen perpendiculären Keile vor männlichen Personennamen, besonders Fürsten.[1]   In Anbe-

[1] Cf. dazu Delitzsch, *B. A.* II, 626 Ende. Mein verehrter Lehrer hat dort Anstoss genommen an der Richtigkeit und Möglichkeit meiner Lesungen $AŠ$-Sin
(statt des bisherigen $Gâmil$-Sin) und Im-Sin, indem er für den ersteren $Gimil$-Sin
liest, und den letzteren I-*bi*-Sin lesen möchte. Ich hatte einen ausführlichen Aufsatz über die der Bildung babylonischer Eigennamen unterliegenden Gesetze für
dieses Buch ziemlich vollendet, sehe mich nun aber genötigt, denselben zurückzuziehen, weil mir nur eine beschränkte Anzahl Seiten gegenwärtig zur Verfügung
steht. Ich bemerke daher gegenüber Delitzsch heute nur in Kürze folgendes : Nach
wie vor muss ich daran festhalten, dass die seit Strassmaier allgemein acceptierte
Transscription $Gamil$-Sin (gegen die allein ich mich richtete ; denn $Gimil$ las er
nicht !) " der Begründung und Wahrscheinlichkeit entbehrt." Der " Begründung "
entbehrt sie, weil meines Wissens $ŠU$ als Ideogramm für irgend eine Verbalform
von $gumâlu$ (nicht nur für das Particip, Delitzsch !) bis jetzt nicht nachgewiesen
ist, man also auch kein Recht hat, $ŠU$ durch das Particip $gâmil$ zu transscribieren.
Der " Wahrscheinlichkeit " entbehrt sie, weil unter den c. 94,000 babylonisch-
assyrischen Personennamen, die ich aus veröffentlichten und unveröffentlichten
Texten excerpiert habe, ich bis jetzt noch keinem einzigen Falle begegnet bin,
in dem das Particip ga-mil, ähnlich dem Imperf. (cf. Ig-mil-Sin), phonetisch geschrieben vor der Gottheit stünde, obwohl der Regel nach ein Particip ebensogut
vor wie nach der Gottheit In solchen Namen, welche nur aus zwei Wörtern, Gottheit + Verbum, bestehen, stehen kann, und obwohl mir Beispiele mit andern
Participien am Anfang zu Hunderten bekannt sind. Dass Delitzsch's Lesung
$Gimil$-Sin = " Geschenk des Sin " ebensogut als meine vorgeschlagene möglich,
ja vielleicht der meinigen vorzuziehen ist, gebe ich zu und habe ich nie bestritten.
Doch dagegen wende ich mich mit aller Entschiedenheit, dass weil Delitzsch
meine Transscription und Übersetzung falsch so auffasst, dass ein Kind " Hand,
Auge, Ohr des Sin " bezeichnet sei, auch meine Transscription imaginär sein soll.

tracht dessen, dass der König von Uruk, für dessen Leben
A-GIŠ-DUB-BA, Sohn des *NAB-ŠE-ME-A*, dem Nergal
das von Winckler veröffentlichte Täfelchen weiht, ein
Semit, nämlich *Sin-gâmil* ist, und dass *A-GIŠ-DUB-BA's*
Vater im Hinblick auf solche bekannten altbabylonischen

"Ich habe *Kât-Sin* im Hinblick auf *Ina-Sin* (so möchte ich lieber phonetisch statt
ideographisch *ṣu* lesen) gewählt," ich hätte auch sagen können, im Hinblick auf
andere, einen Körperteil enthaltende Eigennamen (cf. auch Lehmann), welche meist
oder vielfach als verkürzte Eigennamen aufzufassen sind. Denn die eben berührten
beiden Namen sind ebenso verkürzt als *Ga-ti-Marduk* oder *Ina-Kat-Samaš*, welche
Delitzsch citiert. Gegen die Fassung von Delitzsch " Meine Hand ist Marduk "
spricht der Umstand, dass wir daneben der Schreibung *Ku-at-Malkatu*, *Ga-at-Gula*,
etc., begegnen, wo von keinem Suffix die Rede sein kann. Dass aber weiter das Zeichen *NE* nicht, wie Delitzsch zur Prüfung vorlegt, mit dem aus etlichen neubabylonischen Inschriften bekannten Lautwert *bi* in unserem Namen zu lesen ist, erledigt
sich durch die einfache Thatsache, dass das Zeichen *NE* im Altbabylonischen mit
diesem Lautwert nicht belegbar ist. *Kât-Sin* halte ich verkürzt aus einem Namen wie *Kât-Sin[-illakan(-kan)]* = "Die Hand Sin's hat geschaffen" (cf. z. B.
Strassmaier, *Die Babyl. Inschr. in Liverpool* 27, 16) oder aus *Ina-kât-Sin* =
"Durch die Hand des Sin," was seinerseits wieder verkürzt ist aus einem längeren
Ina-kât-Sin-illakin(-kin) (cf. z. B. Strassmaier, *l. c.* 82, 13) oder *Gabbi-ina-kât-Sin*
(cf. z. B. Strassmaier, *l. c.* 41, 9). Für die ganz gewöhnliche Auslassung des *ina*
in solchen schwerfälligen Eigennamen erinnert man sich sofort wohlbekannter
Fälle wie *Ina-Esagil-idr* neben *Esagil-idr*; *Eulbar-lurki-iddina* statt und neben
Ina-Eulbar-lurki-iddina (cf. *O. B. I.* p. 43, Anmerk.). *Int-Sin* (das *e* steht in
solchen Fällen nicht mit Delitzsch, *A. G.* § 30, p. 70, ungenau für *i*, sondern im
Gegenteil bezeichnet wie in *at-ti-e* [*e* ist hier nur phonetisches Complement], *i.e.*
attî = אֵתִּי, *bâblat* [cf. בָּבְלַת], etc., den historisch vollzogenen Übergang aus dem
vollen Vocal in das *Šwâ mobile*, ehe derselbe [z. B. am Ende von Wörtern] gelegentlich ganz wegfällt) wird stehen für einen längeren Namen wie *Int-Sin-kaluma-
immar* = "Das Auge Sin's sieht Alles," oder etwas ähnliches. Zur Bildung und
Bedeutung cf. Namen wie *Ini(pâni)-Bîl-adagal*; *Nûr-Bîl-lûmur*; *Pâni-Bîl-lûmur*;
Sin-kaluma-ldi, etc. Dass *înu* (im Dual wie im Singular) zur Bildung von Eigennamen in altbabylonischer Zeit thatsächlich gebraucht wurde, erhellt unter
anderem aus den sehr interessanten Namen *Samaš-i-na-mâtim* = "Samas ist das
Auge des Landes " (Meissner, *A. P. R.* 95, 35) oder *Šamaš-i-in-mâtim* (*ib.* 91, 15)
oder gar (mit Assimilation ?) *Sin-i-im-mâtim* (*ib.* 91, 13). Denn dass hier *înd*, *în*
" Auge " nur gemeint sein kann, ergiebt sich aus der Schreibung *i-in*, aus der
Thatsache, dass das Wort nur im Zusammenhang mit *Sin* und *Šamaš*, welche der
Erde Licht geben und demgemäss Alles sehen (cf. *Sin* (*Šamaš*)-*nûr-mâti*), ge-
braucht wird, und überdies aus Bildungen wie *Šamaš-i-na-ia* = "Samas ist mein
Auge " (*i.e.* mein Licht), der doch wohl nicht gut anders übersetzt werden kann.

Namen *Sin-še-me-e* (resp. *i*) wohl semitisch *Bēl-še-me-a* =
"Bel höre!" (cf. *še-ma-a*, 1 R. 58, 61) zu fassen ist, ist es
das wahrscheinlichste, auch den Stifter des Täfelchens
Apil- ^{ilu}*GIŠ-DUB-BA*, d. h. babylonisch zu lesen.
Jedenfalls geht aus dem Gesagten hervor, dass wir uns in
Zukunft der Heranziehung dieses *A-GIŠ-DUB-BA* von Uruk
zur Bestimmung des *AN-MA-AN* von *ŠIŠ-ḪA(KU)* zu enthalten haben. Sind doch beide auch schon zeitlich zu weit
von einander getrennt. Unser Text enthält darum keine
Stütze für Hommel's Theorie von der Gleichzeitigkeit der
ersten und zweiten babylonischen Dynastien (*l. c.* p. 14). Derselbe gehört vielmehr in die Zeit des Königs *Sin-gâmil* von
Erech, dessen Zeitgenosse *A-GIŠ-DUB-BA* war. Da wir zur
Stunde nichts genaues über dessen Regierungszeit wissen, er
aber jedenfalls zwischen der ersten Dynastie von Ur und der
ersten von Babylon lebte, gab ich ihm in meinen *O. B. I.* p. 49,
im Zusammenhang mit palaeographischen Gründen das Mini-
maldatum "2250 B. C." Vielleicht lebte er indessen schon
um 2600 v. Chr.

VII.

Die keilschriftliche Legende auf dem "Boss of Tarkondemos."

SEITDEM der verdienstvolle englische Assyriologe Sayce die
Aufmerksamkeit weiterer Kreise auf die Bedeutung des durch
den verstorbenen Dr. A. D. Mordtmann von Constantinopel
zuerst [1] beschriebenen, sogenannten silbernen "boss of King
Tarkondemos " lenkte, ist eine ganze Litteratur in Verbindung
mit jenem eigenartigen Objecte entstanden. Dieser Umstand
allein beweist, welches Interesse man auf den verschiedensten
Seiten an dieser schalenförmigen, kleinen Silberplatte, die
gewöhnlich als Knopf am Griff eines Dolches bezeichnet wird,
genommen hat. Nicht mit Unrecht! Denn dieselbe trägt
bekanntlich im Centrum rechts und links von einer aufrecht-
stehenden männlichen Figur, je einmal dieselbe Inschrift in
den seit Sayce's Arbeiten meist als "hethitisch "[2] bezeichneten
Hieroglyphen, während auf dem Rande — offenbar als Übersetzung[3] — eine Inschrift in babylonischen Keilschriftzeichen
im Kreise herumläuft. Trotz der Kürze der Legende war
immerhin hiermit die erste "hethitische" Bilingue gegeben,

---

[1] In *Münzstudien* III, 7, 8, 9, Leipzig 1863, pp. 121-132 und pl. III, 1. Die
Schrift ist mir leider nicht zugänglich. Mein Citat beruht auf Sayce's Mitteilung
in *Transactions S. B. A.* VII, p. 296 (cf. Wright, *The Empire of the Hittites*,
p. 155 ; Sayce, *The Hittites*, p. 128). Derselbe hat bekanntlich Dr. Mordtmann's
eigene ungenaue Angaben betreffs seiner früheren Publication in *Z. D. M. G.*
XXVI, p. 625 richtig gestellt.

[2] Halévy, der es für ausgemacht hält ("on sait aujourd'hui d'une manière cer-
taine"), dass die Hethiter einen Semitischen Dialect sprachen, hat kürzlich für
das bisherige "hethitisch" den Ausdruck "anatolienne" gemünzt. Cf. die von
demselben herausgegebene *Revue Sémitique*, I (1893), p. 55.

[3] Obwohl nicht allgemein zugegeben. Golenischeff z. B. glaubt (*P. S. B. A.* X,
p. 369 f.), dass die hethitischen Hieroglyphen nur den Namen des Königs enthalten.

mit deren Hülfe man hoffen durfte, das über Sprache und
Schrift der "Hethiter" liegende Geheimniss etwas zu lüften.[1]
So hat es denn auch nicht an mehr oder weniger auf wissen-
schaftlicher Basis ruhenden Versuchen gefehlt, den Inhalt der
Bilingue zu ergründen, um dadurch eine sichere Grundlage für
das Studium der "hethitischen" Inschriften selbst zu schaffen.
Naturgemäss begann man mit der Entzifferung der keilschriftlichen Legende. Nachdem man sie analysiert und als-
dann auf logischem Wege die Reihenfolge der "hethitischen"
Zeichen bestimmt hatte — betreffs deren jedoch die verschiedenen Hethitologen verschiedener Meinung waren — suchte
man jene Zeichen selbst ideographisch oder phonographisch zu
bestimmen. Aber freilich, je weiter man sich von dem Bekannten und wirklich Feststehenden entfernte, je mehr diver-
gierten die schliesslichen Endresultate. Man darf dreist als
Thatsache behaupten, dass zur Zeit nicht zwei von sämmtlichen
Gelehrten, die sich an das Lesen der zweisprachigen Legende
gewagt haben, hinsichtlich der Resultate (besonders Laut-
oder Bilder-Werte jener sechs "hethitischen" Zeichen) über-
einstimmen. Wir werden uns hierüber kaum wundern dürfen ;
ist man doch bis auf den heutigen Tag noch nicht einmal auch
nur annähernd zu einem übereinstimmenden Ergebniss in Bezug auf die richtige Lesung und Verbindung der Keilschriftzeichen selbst auf jener Silberplatte gelangt. Wenn man alle
die vorgeschlagenen Interpretationen jener keilschriftlichen
Legende an sich vorüberziehen lässt, sollte man wirklich glauben, wir stünden noch immer auf jenem Standpunkte in der
Assyriologie, gegen den sich die mannigfaltigen sarcastischen
Angriffe Fernstehender in früheren Jahren zu richten pflegten.
Woran liegt das? Zweifellos zum grossen Teil an wirklich
vorhandenen Schwierigkeiten, zum Teil aber auch an einem
gewissen Mangel von Bekanntschaft mit babylonischer Palaeo-

---

[1] Sayce, *Transactions S. B. A.* VII, p. 294, redet von dieser Bilingue als "what
will, I hope, prove the Rosetta Stone of Hittite decipherment."

graphie bei einigen von denen, welche die Inschrift analysiert
haben. Jedenfalls lassen die drei mir vorliegenden photographi-
schen Reproductionen, besonders die als letzte Tafel in den
Transactions B. S. A. VII (als Beilage zu Sayce's Aufsatz *The
Bilingual Hittite and Cuneiform Inscription of Tarkondêmos*)
gegebene,[1] in Verbindung mit der von einer Dame gelieferten
trefflichen Zeichnung[2] an Deutlichkeit wenig zu wünschen
übrig. Denn seit Sayce's ausdrücklichem Zeugniss[3] über die
Correctheit der letzteren mussten den Assyriologen auch die
letzten Zweifel an der getreuen Wiedergabe einiger Charactere
schwinden.

Ehe ich selbst meine Transscription und Übersetzung der
keilschriftlichen Legende, auf welche ich mich hier beschränken werde, vorlege, dürfte es am Platze sein, in Kürze die
wesentlichsten Auffassungen und Interpretationen derselben
seitens meiner Vorgänger aufzuzählen. Meine Leser werden
dann für sich selbst sofort urteilen können, in wie weit ich
mich an frühere Ansichten anlehne, und worin ich von denselben differiere.

1. **Mordtmann** (*Z. D. M. G.* XXVI, pp. 625–628): "=*Tar-
ku-u-dim-mi*, König von *Tar* (oder vielleicht *Zu*)-*sun*."

2. **Sayce** (*Trans. S. B. A.* VII, p. 297 ; cf. *P. S. B. A.* III,
p. 5 ; *ibid.* VII, p. 144[4]): "*D. P. Tar-rik-tim-me Sar mat*

---

[1] "Silver Boss formerly in the possession of M. Alexander Jovanoff of Constantinople. Photographed from a cast." Die anderen befinden sich in Sayce,
The Hittites, p. 127 und Hommel, *Babyl. und Assyr. Gesch.*, p. 715. Sie beruhen
alle drei auf dem von Mr. Ready für das British Museum hergestellten electro-
typischen Facsimile. Cf. Sayce, *Transactions S. B. A.* VII, p. 296.

[2] Dieselbe ist wiederholentlich als Beilage gegeben, so in Sayce's Untersuchung
in *Transactions S. B. A.* VII, p. 298; ferner in *P. S. B. A.* III, p. 6 und X, p. 439;
ausserdem in Wright, *The Empire of the Hittites*, p. 156.

[3] *Z. A.* I, p. 380 f.: "The copy is far more correct, and though made, I believe,
by a lady unacquainted with a single cuneiform character, is almost an exact facsimile. I have before me a very beautiful cast of the boss, made at Constantinople
from the original by M. Fr. Lenormant, and presented by him to me. The
characters upon the cast are all exceedingly clear and distinct."

[4] Cf. auch Wright, *l. c.* p. 158.

Er-mr-r."[1] Dagegen in *Z. A.* I, p. 381 und *The Hittites,*
p. 129 : " *Tar-qu-u-dim-me,* king of the country of *Erme.*"

3. **Thomas Tyler** (*P. S. B. A.* III, p. 8): " *Tarkutimme,*
King of the country of *Zume.*"[2]

4. **Ball** (*The Academy,* Dec. 27, 1884, p. 435): " *Tarqûtimme Šar mât Ermî,* or *Žxmî,* or even *âl Mê.*" Dagegen in
P. S. B. A. X, p. 441 f., "assuming that the cuneiform text
is not Assyrian,"[3] sondern etwa ,Alt-Armenisch oder damit
nahe verwandt : "*ME(I'E)-E TAR-QU-U-TIM-ME SAR
MI(?)*[4] *ER,*" mit der "tentative translation": "The noble
Tarkhudima, king of the land of Er."

5. **Pinches** (*P. S. B. A.* VII, p. 124 f.): "*=Tar-ku-u-tim*
("equally well *mu*")-*me šar mât âl me-c*" = "Tarkû-timme, king
of the land of the city of water." "Can this 'watertown' be
Kadesh, on the Lake of Homs?"

6. **Amiaud** (*Z. A.* I, p. 276 ff.): " *Tar-qu-u-mu-diš*" oder
" *Tar-qu-lal-te,*" wenn die Photographie eine treuere Wiedergabe der Keilschriftzeichen bietet als die Zeichnung, dagegen
" *Tar-qu-a-mu-me,*" wenn die Zeichnung verlässlicher ist.   Im
ersteren Falle giebt Amiaud der Lesung " *Tar-qu-lal-te*" den
Vorzug.   Da möglichenfalls die Keilschriftlegende kein Assyrisch, sondern eine andere Sprache enthält, wäre statt *Er-me,*
mit Berücksichtigung des grossen Zwischenraumes zwischen
er und *me,* vielleicht besser "*Ał Tarqûtimme šar mat er*" zu
lesen, in welchem Falle natürlich auch die ideographisch
geschriebenen Wörter für "König" und "Land" anders als
assyrisch zu transscribieren sein würden.

---

[1] So auch noch Sachau in *Z. A.* VII, p. 91.

[2] Die Hervorhebung der Namen der Inschrift durch besonderen Druck geht
auf mich zurück.   Ich habe dies aus praktischen Gründen gethan, um gleich für
das Auge die charakteristischen Unterschiede in den Übersetzungen anzudeuten,
wo immer vom Verfasser keine Transscription gegeben ist.

[3] Angeregt zu dieser neuen Auflassung durch Amiaud's Bemerkung in *Z. A.* I,
p. 279.   Siehe weiter unten no. 6.

[4] Dieses *mi* (?) soll die altarmenische Aussprache für "Land" sein.   Ich kenne
nur *ekeni* dafür (= mitanisch *umini*), cf. Jensen, *Z. A.* VI, p. 66.

7. **Hommel** (*Geschichte Babylonicns und Assyriens*, p. 715, cf. p. 271, Anmerk. 5), welcher nur den Namen des Königs angiebt, liest: "*Tarku-dimmi.*"

8. **Golenischeff** (*P. S. B. A.* X, p. 369 ff.), welcher in der "hethitischen" Inschrift bloss den Namen des Königs sieht und sich nur über den correspondierenden Teil der Keilschriftlegende äussert, liest : "*Tar-ku-u-tim-mi.*"

9. **Scheil** (*The Babyloniau & Oriental Record* V, p. 10 ff.) übersetzt die hethitische Legende (in den Hieroglyphen altbabylonische Ähnlichkeit erkennend): "*Tarqûtimme, king of the country of Su.*" Die in der Keilschriftlegende enthaltene Sprache hält er für die des Landes *Su* und liest dementsprechend : "*Mê Tarqûtimme (šar mât) Zu*" — "Likeness of Tarqûtimme, king of Su."

10. **De Lantsheere** (*De la race et de la langue des Hittites*, p. 57, cf. p. 92 f.): "*Tar-ku-dim-mî šar mât Êr-mê*" — "Tarkudimme, roi du pays d'Êrmê."

11. **Peiser** (*Die Hethitischen Inschriften*, p. 3): "*Tar-rik-tim-mî šar (mâtu) Ir-mî-î.*"

12. **Jensen** (*Z. A.* VII, p. 359 und *The Solution of the Hittite Question.* Reprinted from *The Sunday School Times* of March 25 and April 1, 1893): "*Tar-ku-u-mu-me [šar ᵐᵃᵗEr-mt-e].*" [1]

13. **Halévy** (*Revue Sémitique*, Janvier 1893, p. 55 f.): "La légende assyrienne se lit avec certitude *tar-rik-tim-me shar mat er me-e* — "Tarriktimme, roi du pays de la ville de Mê." Cette traduction me parait la seule exacte." [2]

---

[1] Das in Parenthese stehende ist von mir hinzugefügt. Daraus dass Jensen in *Z. A.* VII, p. 359 nichts gegen Peiser's Lesung *Êr-me-e* sagt, folgere ich, dass er dieselbe für richtig hält.

[2] Halévy, *l. c.* p. 56, bemerkt noch : "Je ne crois pas dépasser les limites des hypothèses scientifiques en supposant que Tarriktimme était le roi-prêtre du territoire consacré au culte de la déesse Mâ et dépendant de Comana." Ich bezweifle, dass der geschätzte französische Fachgenosse mit seiner Hypothese viel Anklang findet. Meiner Meinung nach sind gar zu viele Sprünge nöthig, um die Combination auch nur möglich zu machen.

Wenden wir uns nun zu einer Analyse der einzelnen Keilschriftzeichen. Von den elf Zeichen der Legende zeigen sieben
charakteristische Eigentümlichkeiten (*tar, ku, dim* (?), *šar,
mdtu, dlu* und das durchweg *e* gelesene Zeichen).[1] Es ist das
Verdienst Amiaud's (*Z. A.* I, p. 274 ff.) zuerst im einzelnen
nachgewiesen zu haben, dass die bereits von Pinches[2] als
"pure Babylonian" erklärten Keilschriftzeichen zweifellos die
einer bestimmten Babylonischen Periode charakteristischen
Merkmale an sich tragen. Die erwähnten sieben Keilschriftzeichen auf dem "boss of Tarkondemos" gehören der sogenannten Übergangsperiode babylonischer Schrift an, d. h. nach
unseren jetzigen Kenntnissen derjenigen Periode, welche mit der
Zeit der ersten Babylonischen Dynastie ihren Anfang nimmt[3]
und erst mit und nach der Pashe-Dynastie ihren Abschluss
findet.[4] Seitdem ich mehr denn 4000 Thontafeln aus der Zeit

[1] Die übrigen 4 1 *m*, zweimal *me, u* sind, weil je nur aus 1-2 Keilen bestehend,
an und für sich in den verschiedenen Perioden weniger dem Wechsel unterworfen
und werden denn auch fast zu allen Zeiten in derselben Weise gemacht.

[2] *P. S. B. A.* VII, p. 124.

[3] Man vergleiche jetzt für die hauptsächlichsten Zeichen, welche während der
ersten Babylonischen Dynastie im Gebrauch waren, die schöne *Schrifttafel,* pp.
III-VII in Meissner, *Beiträge zum Altbabylonischen Privatrecht.* Die ältere Zeit
dieser Übergangsperiode ist durch eine solche Beweglichkeit der Schriftformen
und in Folge dessen durch eine solche Mannigfaltigkeit derselben charakterisiert,
dass oft ursprünglich ganz verschiedene Zeichen einander so nahe treten, ja geradezu
identisch werden, dass man bisweilen mit dem besten Willen nicht sagen kann,
welches Zeichen an der einzelnen Stelle gemeint ist, zumal wenn der Zusammenhang dunkel ist. Je mehr sich die Periode ihrem Abschluss nähert, je bestimmtere
und unterschiedliche Formen bilden sich heraus, obwohl wir aus den neo-babylonischen Contracten längst wissen, dass eine beschränkte Anzahl der während jener
Periode zusammengefallenen Zeichen niemals wieder getrennt wurden. Es wäre
zu wünschen, dass Winckler während seiner Arbeiten an den el-Amarna Tafeln
die für palaeographische Zwecke so überaus wichtigen genauen Listen der darin
gebrauchten Keilschriftzeichen mit anfertigt. Für die Kassitenperiode und für
die sogenannten Cappadokischen Tafeln habe ich selbst erschöpfende Sammlungen in Vorbereitung.

[4] Der Übergang aus dem Mittelbabylonischen in das Neo-Babylonische voll-
zieht sich so unmerklich und zugleich so allmählich, dass es überhaupt schwer,
wenn nicht unmöglich, sein wird, bestimmtere Grenzen zwischen beiden aufzu-
stellen und innezuhalten.

der Kassiten-Dynastie, welche im Centrum jener Periode steht,
untersucht habe, darf ich mich mit grösserer Entschiedenheit
über diesen Punkt ausdrücken, als der geniale Amiaud, dem im
Grunde genommen nur zwei Denkmäler im Jahre 1886 (*Z. A.*
I, p. 276) zur Verfügung standen, und der infolgedessen sein
Urteil darnach formulieren musste. Näher die Grenzen zie-
hend, heben wir mit Nachdruck hervor : Die zu behandelnden
Keilschriftzeichen gehören der letzten Hälfte dieser Periode an,
welche etwa mit der Invasion der Kassiten beginnt. Am nächsten stehen sie, wie bereits Amiaud nachwies, den Keilschriftzeichen des Za'aleh und Michaux-Steines. Dies ist eine Thatsache, an der sich nicht rütteln lässt, wenn man sich die Mühe
giebt, im einzelnen zu prüfen. Sayce, welcher früher mit
Nachdruck das Zeitalter Sargon's II als das ungefähre Alter
der Silberplatte vertrat, giebt denn auch in der einem Gelehrten so wohlanstehenden offenen Weise, da er von der Macht
der Argumente Amiaud's überzeugt ist, gern zu, dass er sich
geirrt : "I am fully willing to admit that the object is of the
age to which he is inclined to assign it. I have only a prejudice in favor of a later date, and the prejudice is based upon
no definite reasons." Jedoch sind die Zeichen keineswegs völlig
mit jenen identisch. Im Gegenteil, die Formen für *ku* und *mâtu*
sind älter als die dort gebräuchlichen, sie berühren sich auf's
engste mit den in jener Periode gebräuchlichen hieratischen
Formen. Daraus folgt jedoch nicht, dass unser Text eine
Mischung von hieratischen und demotischen Charakteren [1]

[1] Wir müssen bei der Bestimmung nicht vergessen, dass wir zwischen hiera-
tischer und demotischer Schrift, welche beide stets neben einander in Gebrauch
waren (*O. B. I.* p. 12, Anmerk. 8), auch in dieser Periode zu unterscheiden haben.
Gelegentlich sind zwar Zeichen (besonders solche, die nur aus einem oder zwei
Keilen bestehen und daher keine grosse Variation erlauben) in beiden identisch,
aber nur darum, weil dieselben Principien in der Entwicklung beider wirksam
sind. Meistens sind aber die Formen deutlich in beiden geschieden. Die Legende
auf dem "boss" ist demotisch geschrieben, daher die wichtige Rolle welche der
Za'aleh und Michaux Stein für unsere Untersuchung haben. Die Urkunden aus
der Zeit Rîl-nâdin-apli's und der Grenzstein No. 103 sind, wie andere Grenzsteine
der Regel nach, im Hieratischen abgefasst.

enthält. Solche Vermischungen sind mir ein Gräuel, und ich halte sie nach vierzehnjährigem Studium der babylonischen Palaeographie für unmöglich. Die Charaktere auf unserem "boss" gehören klar und deutlich, wie besonders die Zeichen *dim* (?), *šarru* und das angebliche "*r*" fordern, der demotischen Schriftgattung der zweiten Hälfte der Übergangsperiode an. Da wir aber noch immer für diese Periode auf den Za'aleh und Michaux Stein, als die hauptsächlichsten veröffentlichten Vertreter der demotischen Schriftgattung des Babylonischen, angewiesen sind,[1] welche jedoch in *ku* und *mâtu* eine jüngere Form zeigen, so folgt eben daraus, dass unser "boss" ein wenig älter als jene sein muss, d. h. in einer etwas früheren Schriftform abgefasst ist, die uns bei den vorliegenden spärlichen Quellen jener Zeit nur zufällig noch nicht im Babylonischen selbst genau so vorliegt. Wir glauben daher als das ungefähre Alter jenes Silberknaufes ansetzen zu dürfen die Zeit c. 1300–1200, also etwa 1250 v. Chr.[1] nach der von mir in *O. B. I.* und in den obigen Aufsätzen vertretenen Chronologie. Für Einzelheiten in Verbindung mit den Keilschriftzeichen verweise ich auf die nun folgende kurze Besprechung der einzelnen Charaktere.

Von den elf Zeichen der Legende sind meines Wissens, abgesehen von Dr. Mordtmann, der bei dem damaligen Stande der Assyriologie die letzten drei Zeichen als zwei las und unrichtig identificierte, fünf von allen Gelehrten stets in gleicher Weise aufgefasst worden, nämlich das erste (*"*), zweite (*Tar*), siebente (*šar*), achte (*mât*), zehnte (*mr*). Da dieselben zweifellos richtig identificiert sind, brauchen wir sie nicht noch einmal hier zu behandeln. Freilich auch das elfte Zeichen (" *r* ") ist niemals, von Mordtmann abgesehen, in Frage gezogen worden. Doch ist dieser Umstand gerade für die richtige Entzifferung verhängnissvoll gewesen. Dass das Zeichen nun und nimmer

[1] Amiaud (Z. A. I, p. 278): " C'est donc vers le onzième siècle avant J. C. que la bulle de Jovanoff doit avoir été inscrite."

ein "*e*" sein kann, werde ich weiter unten ausführen. Das
sechste Zeichen (*me*) ist nur von Amiaud angezweifelt worden,
weil Photographie und Zeichnung. nicht übereinstimmten. Es
ist richtig, dass auf der von Rylands am Ende von *Transactions S. B. A.* VII gegebenen Illustration gerade diese Stelle
an Deutlichkeit zu wünschen übrig lässt.[1] Aber entweder hat
Amiaud eine besonders schlechte Copie der Photographie vor
sich gehabt, oder er hat dieselbe nicht im rechten Licht betrachtet, oder sein Auge hat ihn im Stich gelassen, wenn er
angiebt : "dans la photographie, au contraire, je ne puis voir
aucune trace du petit clou horizontal qui entre la composition
du signe *me ;* même j'ai presque de la peine à trouver la place
nécessaire pour ce clou entre le clou vertical précédent et le
signe suivant, *Jarru.*" Jedenfalls sehe ich auf meiner Copie
zumal bei gleichmässigem Licht (an einem nach Norden ge-
richteten Fenster) sehr deutlich die letzte Hälfte des von
Amiaud vermissten kleinen horizontalen Keiles. Nur der nach
links gewandte Kopf desselben ist undeutlich und verschwom-
men. Sayce's dankenswertes ausdrückliches Zeugniss (*Z. A.*
I, p. 380 f.[2]) giebt uns jedoch überhaupt seitdem keine Berechtigung mehr, an der Richtigkeit der Lesung *me* zu zweifeln.

So bleiben denn für die Einzelbehandlung nur noch das
dritte (*ku*), vierte (*u*), fünfte (*dim f*), neunte (*dlu*) und elfte
("*e*") Zeichen übrig.

No. 3 und 4 : *ku-u.* So hatte Mordtmann von Anfang an
gelesen, und dieses ist seither die meistbegünstigste Lesung
geblieben. Sayce transscribierte früher, die beiden Zeichen
zusammenfassend und das zweite für einen kleinen perpendiculären Keil haltend, *rik.* Dabei hatte er für diesen Charakter
noch eine, sonst für denselben nicht nachweisbare Unregelmäs-

---

[1] Und noch wenlger deutlich ist für dieses Zeichen die von Sayce in *The
Hittites,* p. 127 veröffentlichte photographische Reproduction.
[2] "The form of the *me* is in each instance *precisely the same.*" Cf. oben p. 2,
Anmerkung 3.

sigkeit (dass ein perpendiculärer Keil ausgelassen war) zu Hülfe
zu nehmen. Pinches substituierte wieder *ku-u*, und Sayce hat
seitdem diese Lesung als die allein richtige angenommen
(*Z. A.* I, p. 381). Trotzdem findet sich *rik* noch bei Peiser
(auch Sachau) und Halévy, von letzterem sogar "avec certitude"
vertreten. Diese Lesung ist aber schlechterdings unmöglich.
Denn 1) Ist die Inschrift in babylonischen, nicht in assyrischen
Charakteren geschrieben, das mittelbabylonische und neo-
babylonische Zeichen für *šim* (*rik*) (vom altbabylonischen gar
nicht zu reden) ist aber grundverschieden von dem hier angesetzten Zeichen.[1] 2) Ein zweiter perpendiculärer Keil am Ende
würde selbst bei Vergleichung von assyrischem *šim*(*rik*) noch zu
ergänzen sein, denn mir wenigstens ist nicht ein einziger Fall
bekannt, wo nur ein Keil am Ende dieses Zeichens in assyrischen
Texten sich findet. 3) Der vermutliche perpendiculäre Keil am
Ende ist gar nicht ein solcher,[2] sondern ein Winkelhaken. Ein
verticaler vollgiltiger Keil, wie wir ihn im Zeichen *rik* erwarten, müsste gerade so lang sein wie andere derartige verticale
Keile in der Legende, und die obere Fläche seines Kopfes
müsste zudem mit der geraden Linie eines darüber gedachten
Randsegmentes wie in allen übrigen Fällen parallel laufen, wo-
gegen in unserem Keile die obere Fläche, nach links zu ver-
längert, fast mit dem unteren Rande der keilschriftlichen
Legende, nach rechts zu verlängert, sicher mit dem oberen
Rande sich schneiden würde.[3]   Solche Kleinigkeiten müssen in

[1] Man kann sich davon ohne jede eigene Mühe durch einen Blick auf Meissner's *Schrifttafel* no. 95, Amiaud et Méchineau, *Tableau Comparé* no. 77, und
Pinches, *Sign List* no. 64, überzeugen.
[2] Auch der untere kleine Keil in *šar* ist nach der Zeichnung und Photographie
nicht ganz vertical, sondern neigt sich mit der unteren Spitze etwas nach links.
Doch ist hierauf kein Gewicht zu legen, weil in der späteren mittelbabylonischen
Periode derselbe bald senkrecht, bald nach links geneigt (der älteren Form entsprechend) erscheint. Die nach der unteren rechten Seite zugehende Neigung
dieses kleinen Keiles ist specifisch assyrisch, obwohl sich vereinzelte Fälle im
Mittelbabylonischen dafür finden. Im Neo-Babylonischen ist sie häufiger.
[3] Aus diesem Grunde war auch Amiaud's früher vorgeschlagene Lesung *lal*
von vornherein unmöglich.

der Palaeographie berücksichtigt werden. Ohne daher den Abdruck Lenormant's (im Besitze von Sayce) oder den des British Museum gesehen zu haben, muss ich mit absoluter Sicherheit meinerseits darauf dringen, dass der fragliche kleine Keil ein Winkelhaken ist, und die Gruppe demgemäss *ḳu-u* zu lesen ist. Denn dass nach Abtrennung des letzten Winkelhakens das vorhergehende Zeichen nur *ḳu* sein kann, darüber ist weiter kein Wort zu verlieren. Das Zeichen besteht aus acht Keilen, genau wie es gegen Ende der Kassiten-Dynastie und während der Pashe Herrscher Regel ist.[1] Cf. iii *R.* 41, col. II, 39 ; *Nebuk.* I, col. I, 2, 17, 19, *etc.;* vor allem aber *Grenzstein* no. 103 (*B. A.* II, pp. 187-203), col. V, 43 ; VI, 23. Die Beispiele sind leider selbst für das Hieratische nicht sehr zahlreich, und aus naheliegenden Gründen enthalte ich mich absichtlich der Citate aus nicht veröffentlichten Inschriften.

No. 5 : *dim ?* Meine sämmtlichen Vorgänger mit Ausnahme von Amiaud, dem nur Jensen folgt, haben dieses Zeichen stets *tim* oder *dim* gelesen, es also mit Brünnow, *List,* 2737 identificiert. Pinches, der zuerst darauf aufmerksam machte, dass möglichenfalls ("equally well," *P. S. B. A.* VII, p. 124) *mu* zu lesen sei, zog immerhin für seine eigene Person die Transscription *tim* vor. Es unterliegt keinem Zweifel, dass seitdem einmal Mordtmann durch Herbeiziehung des cilicischen Namens Ταρκονδίμοτος, Ταρκόνδημος,[2] seine Lesung *Tarḳüdimme* gestützt hatte, dieser Vergleich viel damit zu thun gehabt hat, dass fast alle Assyriologen die Lesung *dim (tim)* acceptiert haben. Meiner Meinung nach lässt sich die absolute Deutung dieses Zeichens zur Zeit nicht geben. Das Zeichen, wie es da steht, ist sonst weder als *mu* noch als *dim* belegbar. Wenigstens kenne ich kein *mu* oder *dim* in genau derselben Form. Aus

---

[1] Freilich nur im Hieratischen. Das Demotische dieser Periode hat bereits 7 Keile. Cf. *Michaux,* col. III, 12. Doch cf. meine Bemerkungen oben, p. 113.

[2] Cf. jetzt Sachau, *Bemerkungen zu Cilicischen Eigennamen* in *Z. A.* VII, p. 90 f.

der Zeichnung und der Photographie ergab sich mir längst, dass die beiden letzten kleinen Keile unseres Zeichens auf keinem Fall mit den vorhergehenden zwei Keilen ihrer Gestalt nach identisch, dass sie im Gegenteil sehr bedeutend von jenen durch ihre Verlängerung nach der linken Seite hin unterschieden sind. Haben wir, so zu sagen, bei jenen beiden nur Köpfe, so haben diese auch Stile, Hälse, oder wie man es immer nennen mag, auf denen die Köpfe ruhen. Sayce ist daher vollkommen im Recht, wenn er gegenüber Amiaud auf diese Thatsache Gewicht legt (*Z. A.* I, p. 381), und zwar nach einer erneuten Prüfung seines schönen Abdruckes, den Lenormant selbst in Constantinopel vom Original nahm. Sehen wir uns daraufhin die Zeichen *mu* und *dim* im Za'aleh und Michaux Steine an, so finden wir, dass *mu* stets vier gleiche Keile, meist in der Gestalt von Winkelhaken, am Ende hat, während *dim* wie auf unserer Silberplatte zwei kleine und zwei längere mit Stilen aufweist. Cf. für *mu* z. B. *Za'aleh*, col. I, 2 ; *Michaux*, col. II, 17, 23 ; col. IV, 13 ; dagegen für *dim*, *Michaux*, col. III, 15, 22 ; IV, 9. Im Zeichen *mu* geht der horizontale Keil gewöhnlich bis zum Ende des letzten Paares von kleinen Keilen, im Zeichen *dim* dagegen, genau wie im fraglichen Zeichen auf dem "boss," nur bis zum Anfang des ersten Paares.[1] Jedoch spricht gegen *dim*, dass auf dem "boss" die Köpfe des letzten Keilpaares rechts nach aussen zu, auf dem Michaux-Steine dagegen links nach innen zu gewandt sind. Zwar ist die Umlegung von Keilen in der babylonischen Palaeographie, und ganz besonders in der Übergangsperiode, etwas ganz gewöhnliches.[2] Ausser dem bereits im Aufsatz I, p. 17, Anmerk. 4 Bemerkten, verweise ich auf meine Ausführungen zu "*e*" weiter unten. Indessen decken sich derartige, leicht zu mehrende Beispiele von Umlegungen nicht genau

---

[1] Amiaud (*Z. A.* I. p. 277) fühlte selbst diese Schwierigkeit, die seiner Erklärung im Wege stand.

[2] Cf. Hilprecht, *Freibrief Nebukadrezar's I,* p. v, Anmerkung.

mit der im gegenwärtigen Falle verlangten. Das Resultat ist also, dass der Königsname *Tarkumuine* oder *Tarku-dimme* wahrscheinlich zu lesen ist (Dental durch den damit identischen cilicischen Namen gesichert). Letztere ziehe ich vor. Auffallend könnte erscheinen, dass der Gottes-name [1] *Tarkū* ein langes *u* gegenüber sonstigem kurzem End-vocal in *Tarhu-lara, Tarhu-nazi*,[2] *Kadašman-Turgu*,[3] Ταρκοδί-μαντος, *etc.* aufzuweisen scheint. Der wahre Zusammenhang wird dieser sein : Der Name *Tarkūdim(m)e* hatte den Accent auf der drittletzten Silbe (cf. Ταρκόνδημος). Dieser konnte im Assyrischen entweder durch Doppelschreibung des *dd*, durch *m(n)d* [4] oder durch Verlängerung des vorhergehenden Vocales ausgedrückt werden.[5] Der Schreiber der keilschriftlichen Le-gende wählte in diesem Falle die Verlängerung des Vocales, wäh-rend die griechische Transscription (ebenso wie die assyrische im Falle des Königs *Tarhundaraduš* von Arzipi) statt dessen

[1] Nach Müller, *Asien und Europa*, p. 333, soll das Wort *targh*, resp. *tarkh* wegen seiner " Verbrehung und des Gebrauches in christlicher Zeit " [im Namen des Bischofs von Aegae zur Zeit des Concils von Nicaea, Z. A. VII, 90] nur "Gott " überhaupt bedeuten. Unmöglich. Dagegen spricht der häufige Gebrauch in Eigennamen an Stellen, wo in andern derselben Sprache angehörigen Namen ein bestimmter Gott steht ; dagegen spricht *K*. 3100, wo *Turku* = *Rammān* und vieles andere. Der Umstand, dass es noch in Namen der christlichen Zeit ge-braucht wurde, beweist gar nichts. Man wird im christlichen Kleinasien ebenso gut alte beliebte heidnische Namen, zumalen wenn frühere Träger derselben berühmte Personen waren, beibehalten haben, wie in anderen Ländern. Und man wird in Cilicien ebenso wenig als anderswo in nachchristlicher Zeit die wahre Bedeutung alter Namen immer gewusst haben.

[2] Cf. die übersichtliche Zusammenstellung des Materials bei Müller, *Asien und Europa*, p. 333, Anmerk. 1 (cf. p. 395). Hommel stellt auch den römischen König *Tarquinius* (nach brieflicher Mitteilung) hierher.

[3] Cf. Hilprecht in Z. A. VII, p. 317: *Turgu* = *Tarku* = *Tarhu*. *Turgu* ist wohl identisch mit dem *Turku* von *K*. 2100, Obv. 13, a. Cf. zum Wechsel von *h, k, g* Jensen, Z. A. VI, p. 68 ; Sachau, Z. A. VII, 91 ; Müller, *Asien und Europa*, pp. 287, Anmerk. 4 ; 289, Anmerk. 4; 331, Anmerk. 5; 352, Anmerk. 1.

[4] Cf. im Assyrischen statt *inddin* gewöhnlich *indmdin ;* cf. auch die Auflösung der Verdopplung in *manddi* = *maddidi* "Vormesser," *nangaru* = נַגָּר etc.

[5] Delitzsch, *A. G.* § 53, a und c Schluss.

Verdopplung und Auflösung derselben durch n + d[1] (cf. Ταρκον-
δημος, Ταρκονδίματος ;[2] cf. auch 'Ρωνδίνεσις gegenüber 'Ρωζάρ-
μας) verwertete.   Da ν gewöhnlich vor δ in solchen Fällen
erscheint (wie μ vor β), so wird man im Cilicischen die betonte
Silbe meist nd, mb gesprochen haben.

No. 7 und 8 : Jar und mdt.   Beide Zeichen sind von allen
Entzifferern der Legende stets in der gleichen Weise identificiert.   Beide sind besonders charakteristisch durch ihre Form
für die Fixierung des Alters.   Über Jar äusserte sich schon
Amiaud sehr entschieden.   Wir fügen hinzu, dass mdt in der
uns hier vorliegenden Gestalt für die hieratischen Texte der
Periode 1200—1000 v. Chr. die gewöhnlichste Form ist, daneben sich aber auch nicht selten auf den Thontafeln der
Kassitenkönige findet.

No. 9 : Alu, resp. Er gelesen, also identificiert mit Brünnow,
List 892 (889).   Zweifellos richtig!   Denn charakteristisch
für das Zeichen ist das Zurücktreten des oberen und unteren
horizontalen Keiles nach rechts hin.   Das findet sich nie im
Babylonischen bei Zu, mit dem es Tyler, Ball und Scheil ohne
allen Grund haben identificieren wollen.   Man hat sich zu dieser Hypothese durch das Neuassyrische verleiten lassen.   Es
ist zuzugeben, dass unsere Form für Alu sich nicht genau deckt
mit irgend einer der aus den Documenten der Pashe Herrscher oder der Zeit unmittelbar vor- oder nachher bekannten
Formen.   Gleichwohl ist ebenfalls zuzugeben, dass die Formen
bei Nebukadrezar I, nt R. 41 und auf dem Grenzsteine no. 102
(B. A. II, p. 171 f.) der unsrigen äusserst nahe stehen.   Zudem ist nicht zu vergessen, dass uns zur Zeit überhaupt nur
wenige Texte jener Periode vorliegen.   Jedenfalls hat man

---

[1] Cf. hierüber schon die Beobachtung Sachau's, Z. A. VII, p. 87.
[2] Der Accent im Griechischen beweist hier natürlich nichts für den ursprünglichen
Accent im Cilicischen.   Geben sich doch die Namen schon durch ihre griechische
Nominativendung als graecisierte Formen, welche als solche den griechischen
Accentregeln gehorchen.

kein Recht, die Form auf dem "boss" für ein Zeichen jünge-
rer Herstellung desselben zu betrachten ; sie findet sich auf
den "Contracten" der Kassitenkönige, und sie findet an unserer Stelle ihre sehr einfache Erklärung überdies durch Sayce's
sehr richtige Beobachtung in *Z. A.* I, p. 381 f. Der Schreiber hatte im ersten Teile der keilschriftlichen Legende die
Zeichen enger zusammengedrängt, aus Furcht er möchte nicht
die ganze Inschrift auf die Platte bekommen. Hinter *mâtu*
wurde er jedoch inne, dass ihm sogar mehr Platz, als er brauchen konnte, zur Verfügung stand. Um sein Versehen wieder
gut zu machen, zog er nunmehr das Zeichen *âlu* auseinander,
indem er den sonst in dieser Periode der Schrift unter dem
oberen horizontalen Keile stehenden ersten perpendiculären
Keil rechts von demselben neben den anderen perpendiculären
setzte. Da aber gleichwohl der übrigbleibende Platz noch zu
viel für seine Zwecke war, half er sich in der Weise, dass er
den Platz über dem Kopfe der Figur frei liess und die letzten
zwei Zeichen symmetrisch rechts davon setzte. Hat man das
Zeichen nun *âlu* oder *er* zu lesen ? Da das Zeichen im Babylonischen nur sehr selten als Phonogramm gebraucht wird, ist
es auch hier mit seinem natürlichsten und bekanntesten Werte
als das Ideogramm für *âlu* = "Stadt" wiederzugeben, wie das
von Pinches (früher zweifelnd Ball) und Halévy aus diesem
Grunde bereits gethan wurde. Dazu kommt, dass, wie schon
Amiaud sehr wahr bemerkte — und das gilt auch heute noch —
man trotz allem guten Willen die Existenz eines Landes *Erini*
bislang nicht hat nachweisen können.[1] Dasselbe kann umso-
weniger existieren, da

---

[1] Sayce (*Transactions S. B. A.* VII, p. 298, f.) stellt es mit dem aus den
classischen Geographen bekannten cilicischen Bergrücken *Arima* zusammen und
zieht die halbmythischen *Arimi* zum Vergleich herbei. Da ihm dabei aber das
letzte Zeichen "e" nicht recht passend kommt, nimmt er zu dem verzweifelten
Mittel seine Auskunft (*Z. A.* I, p. 381), dass der Schreiber wegen des über-
schlüssigen Raumes "the unnecessary vowel "e" hinzugefügt habe."

No. 11: "*c*" das letzte Zeichen, von sämmtlichen Assyriologen
bisher falsch verstanden und identificiert worden zu sein scheint.
Und doch hängt gerade von diesem viel für das Verständniss der Legende ab. Es ist mir unfasslich, wie selbst der in
Palaeographie so wohlbewanderte Amiaud die Identification des
letzten Zeichens als *e* für selbstverständlich hingenommen hat,
obwohl ihm sehr wohlbekannt war, dass weder der Za'aleh noch
der Michaux-Stein, mit deren Hülfe er das Alter unserer Platte
bestimmte, diese Form zeigen, welche im Gegenteil ausschliess-
lich die mit zwei horizontalen Keilen anfangende Gestalt verwenden. Für ein so häufiges Zeichen wie *e* wäre die mit drei
Keilen anfangende Form doppelt auffällig. So will ich denn
meine Kritik dieser sogenannten Identification kurz dahin
zusammenfassen, dass ich nicht eine einzige Stelle in der veröffentlichten babylonischen Keilschriftliteratur und auf 16,000
unveröffentlichten Texten, welche ich durchgesehen habe,
kenne, in der sich das Zeichen *e* je mit drei horizontalen
Keilen geschrieben fände. Ich muss daher die Lesung "*e*"
als misslungen zurückweisen. Die richtige Identification bietet
uns der Michaux-Stein, wie wir billig erwarten, wenn unsere
Fixierung des Alters der Silberplatte richtig ist. Ich halte
nämlich unser Zeichen für absolut identisch mit *Michaux*,
col. IV, 16 (das vierte Zeichen) *kal*, das noch öfter *tan* zu lesen
ist (also — Brünnow, *List* 6177). Unser Zeichen unterscheidet
sich von demjenigen des Michaux-Steines nur in zwei unter-
geordneten Kleinigkeiten. Einmal befindet sich dort zwischen
den beiden Anfangskeilen ein kleiner Verbindungsstrich, der auf
unserem Zeichen fehlt. Über denselben habe ich mich bereits
vor über zehn Jahren in meinem *Freibrief Nebukadrezar's I*,
p. III geäussert. Er wird in altbabylonischen und mittelbabylonischen Keilschriftzeichen ebenso oft gesetzt als ausgelassen; häufig erscheinen beide Formen neben einander in
demselben Texte, er ist für die Bestimmung eines Zeichens in
der Übergangsperiode ohne jeden Belang. Um für diese ganz

alltägliche Erscheinung in der babylonischen Palaeographie Fernstehenden wenigstens einige Beispiele aus der grossen Masse derselben an die Hand zu geben, verweise ich für unser Zeichen auf *Nebukadrezar* I, col. I, 24 gegenüber *Za'aleh*, col. I, 3, col. II, 18 ; oder auf demselben Steine *Za'aleh*, col. I, 6 verglichen mit l. 7; oder ebenfalls auf demselben Steine *Michaux*, col. III, 24 viertes Zeichen, verglichen mit dem siebenten Zeichen ebenda (cf. ausserdem col. IV, 19, gegenüber col. III, 11; col. IV, 11, 18, 24). Die andere Kleinigkeit ist die, dass in *Michaux*, col. IV, 16 der mittlere Keil nach rechts zu eingerückt ist, während er in unserem Zeichen auf der Platte genau unter dem oberen und über dem unteren horizontalen Keile steht. Solche Differenzen in ein und demselben Zeichen sind nicht nur für verschiedene Texte der nämlichen Periode etwas ganz gewöhnliches (cf. z. B. *ba* auf *Za'aleh*, col. II, 1, 6, 8, 9 gegenüber *Michaux*, col. III, 3, 19 ; oder *ma* auf *Za'aleh*, col. II, 1 gegenüber *Michaux*, col. III, 5), sondern finden sich bei demselben Zeichen auf demselben Steine. Wozu also vieler Exempel ! Man vergleiche auf dem *Michaux-Steine* die beiden Zeichen *ma* col. III, 5 einer- und col. III, 23 andererseits und überzeuge sich, dass beide genau in demselben Verhältnisse zu einander stehen wie *tan* (*kal*) auf unserer Platte zu *tan* (*kal*) auf dem *Michaux-Steine*, col. IV, 16. Damit dürfte doch wohl der Beweis erbracht sein, dass wir auf der Silberplatte nicht "*e*," sondern das Zeichen *tan* vor uns haben. Die Identification ist den Assyriologen vielleicht darum bisher entgangen, weil sie eine für die Palaeographie der Übergangsperiode charakteristische und ziemlich häufige Erscheinung nicht beachtet haben. Ich drücke dieselbe am besten im Zusammenhang mit zwei anderen aus.

Nachdem unter den Königen der zweiten Dynastie von Ur die sogenannte "Schnörkelei" der Keilschrift ihren höchsten Grad erreicht hatte, indem man im Innern von Keilschriftzeichen statt eines oder zwei parallel laufender Keile bisweilen

zwanzig bis dreissig (wörtlich ?) Parallel-Keile zog,[1] setzte bald
darauf, vielleicht schon während jener Zeit, besonders jedoch
seit der ersten Babylonischen Dynastie eine gesunde Reaction
ein, indem man allen überflüssigen Ballast aus den Zeichen
entfernte. Wir finden besonders drei Bestrebungen, welche
die fernere Entwicklung, vor allem im Demotischen, be-
herrschen.

1. Die Parallelkeile werden so viel wie möglich reduciert, ja fallen gern ganz weg. Cf. das Zeichen *ki* in
O. B. I. pl. 15, no. 26, 2 und 5; cf. Meissner, *Schrifttafel*, z. B. unter *na* (no. 19), *tim* (22); ferner no. 42, 43,
67, 94, 103, 116, etc. Cf. für unsere Periode z. B. *na*
auf dem *Za'alehsteine*, col. II, 4, 5. 9.

2. Die einzelnen Keile werden ohne Rücksicht auf das
ehemalige Bild aus ihrer ursprünglichen Lage entfernt und
symmetrisch neu gruppiert, ein Princip, welches bekanntlich im Neo-Assyrischen als allbeherrschendes Gesetz mit
Consequenz durchgeführt ist. Beispiele sind überflüssig.
Hiermit hängt eng zusammen.

3. Ursprünglich verticale Keile werden vielfach horizontal, mit dem Kopf nach links niedergelegt. Der
Einfachheit halber will ich einige Beispiele aus Amiaud
et Méchineau, *Tableau comparé* citieren:

[1] Cf. einstweilen *O. B. I.* pl. VIII, no. 18, l. 3 (letztes Zeichen), 6 (erstes
Zeichen), 8-10 (Schlusszeichen), no. 19, l. 5 und 6 (erstes Zeichen). Ein ganzer
autographierter Band (vol. III) von charakteristischen babylonischen Texten,
welche für die Palaeographie von grösstem Werte sind, ist in Vorbereitung. Die
"ausserordentlich verschnörkelte Schreibweise vieler Zeichen" auf den sogenannten kappadokischen Tafeln weisen nicht auf einen "verhältnismässig
jüngeren Ursprung" dieser Tafeln (Delitzsch, *Beiträge zur Entzifferung und
Erklärung der Kappadokischen Keilschrifttafeln*, p. 268), sondern sprechen, wie
ich meinem verehrten Lehrer und Freunde in Breslau bereits Ende October 1893
schriftlich mittheilte, vielmehr sehr entschieden für ein viel höheres Alter, als
Delitzsch denselben zuzuweisen geneigt ist. Ihre Abfassung liegt nach meiner
Ansicht zwischen 2400 und 2000 v. Chr. Darüber näheres in vol. II unseres
Expeditionswerkes.

Cf. no. 153, linke col. 1 u. 2; no. 166, linke col. 4 u. 6;
" 172, " " 1 u. 6; " 198, " " 2 u. 3;
" 198, rechte " 1 u. 2.
Cf. auch Meissner, *Schrifttafel*, no. 96, erstes und viertes
Zeichen.[1]

Aus no. 3 des Gesagten erhellt, warum im besprochenen
Zeichen *tan* ein horizontaler statt eines verticalen Keiles sich
findet. Da aber diese Eigentümlichkeit in Verbindung mit
unserem Zeichen bis jetzt nur auf dem Michaux-Steine, dessen
Alter feststeht, nachweisbar ist, erwächst eben damit ein bedeutender neuer palaeographischer Grund für die Richtigkeit
des auf Grund der Gestalt mehrerer anderer Zeichen bereits
fixierten ungefähren Alters der Silberplatte. Es möchte die
Frage aufgeworfen werden, warum denn das Zeichen, welches
im Babylonischen verschiedene Lautwerte hat, hier durchaus
gerade *tan* gelesen werden muss. Dies die Gründe: 1) Weil
ich bei der Entzifferung der Legende von dem Princip ausgehe,
zunächst nur die Zeilen mit ihren g e w ö h n l i c h e n babylonischen Werten zu lesen, und *t(d)an* nach meinen angestellten
Sammlungen eben der gebräuchlichste Lautwert unseres Zeichens im Babylonischen ist. 2) Weil wir bei der Lesung
⊣⊩ ⊩⊩ *Me-tan* endlich die lange Zeit vergeblich versuchte
Identification des Landes, über welches *Tarkūdim(m)e* herrschte,
vornehmen können. Denn ich halte *Me-tan* für nichts anderes
als das aus der Keilschriftliteratur längst bekannte, aber geo-
graphisch leider noch immer nicht ganz genau bestimmbare[2]
Land *Mitanni.*[3]

[1] Cf. auch die verschiedenen Formen für die Zahlzeichen der Einer seit den
ältesten Zeiten.
[2] Was zur Zeit hierfür beigebracht ist, findet man in Z. A. VI, pp. 57-59
(Jensen), Winckler, *Altorientalische Forschungen* I, p. 86, Anmerk. (cf. Jensen in
Berliner Philologische Wochenschrift, 10. Februar 1894, no. 7, p. 214 b, unten),
Müller, *Asien und Europa*, pp. 281-290. Winkler und Müller werden so ziemlich
das Rechte getroffen haben, wenn sie das Reich von Mitanni auf das Ostufer des
Euphrat in dessen westliche Biegung zwischen 36 und 37.5 Grade verlegen.
[3] Sobald man diese sehr naheliegende Gleichsetzung gelten lässt, wird man

126   ASSYRIACA.

Die zwei Determinative[1] *mâtu* und *âlu* besagen "Reich der
Stadt Metan," d. h. sie lehren uns, dass das Land *Metan* sich
aus der Hegemonie der gleichnamigen Stadt entwickelt hat.

Damit stimmt, was Winckler schon früher[2] für Mitanni wahr-
sofort fragen, welchen Lautwert hat unser Zeichen in den in mitannischer wie
babylonischer Sprache geschriebenen Briefen des Mitanni-Königs aus der el
Amarna Sammlung. Bekanntlich gebraucht das Mitannische complexe Lautwerte
der Keilschrift, d. h. solche, welche mit einem Consonanten anfangen und endigen,
nicht sehr häufig (cf. auch Sayce in Z. A. V, p. 260). Doch sind immerhin 25
sicher in dem uns vorliegenden Briefe des Herliner Museums im Gebrauch,
jedoch mit der Beschränkung, dass sie alle nur einen complexen Lautwert
haben können (cf. Jensen, Z. A. V, p. 190, Anmerkung ; Sayce, ibidem, p. 260).
Unter den so gebrauchten Zeichen findet sich auch das unsrige 20 mal und
zwar an allen 20 Stellen sicher mit dem Lautwerte *tan*. Wäre die Sprache der
Keilschrift auf unserer Legende Mitannisch, so würde damit *so ipso* die Möglich-
keit eines Lautwertes *kal, rib, lab* etc. für unser Zeichen nach unserer jetzigen
Kenntniss der Keilschrifteigentümlichkeiten jener Sprache ausgeschlossen sein.
Aber auch in den in babylonischer Sprache abgefassten Briefen des Mitanni-
Königs hat das wiederholentlich sich findende Zeichen nur den Lautwert *tan*,
resp. *dan*, ja vielleicht auch hier nur *tan* (selbst in *dan-is* = *dannil*), cf. Zimmern,
Z. A. V, 154) wegen der sich neben *da-an-ni-il* zweimal findenden Interessanten
Schreibungen *ta-an-ni-il* resp. *ta-an-ni-is* (über die Behandlung der Zischlaute im
Mitannischen cf. Jensen's sehr richtige Beobachtungen in Z. A. V, p. 178, f.).
Sollte dieses *tannil*(*s*) mit *s* vielleicht durch Einfluss des das Gleiche bedeutenden
mitannischen *tilan* (*tuna*), Jensen, Z. A. V, p. 201 ff. entstanden sein, ganz ab-
gesehen davon, dass die Mitanni Sprache überhaupt arm an Consonanten ist?
Bezold's (*Oriental Diplomacy*, no. 8, 8) Auffassung als Ideogr. + Phonet. Compl. =
dannil(-*il*) ist im Hinblick auf die Schreibung *da-an-is* (8, 17) aufzugeben.

[1] Dieselben finden sich bekanntlich auch sonst im Babylonischen. Nicht selten
z. B. vor den aus Berufsnamen hervorgegangenen persönlichen Eigennamen (cf.
unser "Müller," "Schuster," etc.), also = *amîlu Sip-pi-i*, Strassmaier, *Nabuchod.*
146, 17 oder = *amîlu Sip-i-a*, ibid. 301, 4 und 9, gegenüber sonstigem *m. Sip-pi-i*,
ibid. 97, 16 ; oder = *amîlu Allaku*, ibid. 301, 20, gegenüber gewöhnlichem *amîlu
Allaku*, ibid. 308, 11 ; 314, 15 ; 317, 9. Oder bei Namen von Flüssen oder
Canälen, welche nach Städten, bei denen sie vorüberfliessen, oder nach Personen,
welche sie haben graben lassen, benannt worden sind, z. B. *nâr âlu Sa-gir-ul*(*l*)*-di*,
col. I, 6, gegenüber *nâr Sa-gir-ul*(*l*)*-di*, col. I, 11 der in O. B. I. II veröffentlichten
Urkunde des Pashe Königs *Marduk-ahî-irba*; oder der bekannte Canalname
nâr m. Ahî-lul-lim gegenüber *nâr Ahî-lul-lim* (Strassmaier, *Nabuch.* 135, 2) oder
nâru la m-Ahî-lul-lim (B. A. II, p. 263, 16). Im Grunde genommen ist der mit
dem zweiten Determinativ eingeleitete Name als Genitiv (abhängig vom ersteren)
aufzufassen, also *mât âlu Metan* = "das Land der Stadt Metan."

[2] *Sitzungsberichte der Königl. Preuss. Akad. d. Wiss. zu Berlin*, 1888, p. 1355.

scheinlich machte, wenn er sehr richtig (trotz Jensen's Aus-
stellungen in *Z. A.* VI, p. 57 f.) in 1 *R.* 45, col. II, 22 ff.
(III *R.* 15, col. III, 13 ff.) die meist *Pitânu* gelesene Stadt
durch *Mitânu* [1] transscribierte. Die letztere Schreibung *Mitânu*
(mit *u*) neben *Mi-ta-na* (mit *a*) in den el Amarna-Texten beweist aber auch die sprachliche Berechtigung meiner Gleichsetzung von *Metân* und *Mitâni*, insofern als sie lehrt, dass das
i ebenso wie das *u* und *a* nur die angefügte assyrische Casus-
endung ist, womit weiter stimmt, dass das Aegyptische mit
Ausnahme von *LD.* 88 b (*Mi-ti-n-nî*)[2] das Land stets als *Mi-t-n*
(nach Müller *l. c.* p. 283, Anmerk. 3 wahrscheinlich mit *ê* in
der zweiten Silbe, also *Mitên* zu sprechen) transscribiert,
und dass sich wenigstens einmal auf den el Amarna-Tafeln selbst,
nämlich *Berl.* 214, 5, unser Land *Mi-ta-an* geschrieben findet.[3]
Dagegen spricht natürlich nicht die Schreibweise *Mi-i-it-ta-a-
an-ni-e-pi* auf der in mitannischer Sprache abgefassten Tafel
(col. III, 104). Denn dort ist mit Berücksichtigung der
Eigentümlichkeiten der babylonischen Schrift im Mitannischen
und mit Aussonderung der Endung *i(e)pi* (cf. zu derselben
Jensen, *Z. A.* V, p. 197 ff.) *Mitanepi* zu lesen (Jensen, *ibid.* V,
p. 192), dasselbe also in *Mitan + epi* zu zerlegen. Beiläufig
möchte ich nur noch bemerken, dass die von Brünnow, *Z. A.* V,
p. 209 ff. so zuversichtlich bezeichnete Länge des ersten oder
zweiten Vocales in *Mitanni* keineswegs über allen Zweifel
feststeht. Aus der mitannischen Tafel ergiebt sich dies jedenfalls nicht als selbstverständlich. Nur soviel ist klar, dass der
Accent auf der zweiten Silbe lag.

Die Frage ist verschiedentlich aufgeworfen worden, ob die
Keilschriftlegende in babylonischer oder einer anderen Sprache

---

[1] Cf. auch Müller, *Asien und Europa*, p. 284, Anmerk. 1.

[2] Nach Müller, *l. c.* p. 283, Anmerk. 31 "der einzige Versuch, die keilschriftliche Ortographie *Mitanni* genau nachzuahmen."

[3] Auf die Schreibweisen *Mi-ta-na* und *Mi-ta-an* in den el Amarna Texten machte
mich mein werter Freund Zimmern, nachdem ich demselben meine Entzifferung
des "boss" mitgeteilt hatte, in liebenswürdiger Weise aufmerksam.

abgefasst worden ist.   Dieselbe kann auch jetzt noch nicht
ganz sicher beantwortet werden, da nur die Namen phonetisch
geschrieben sind, und die Ideogramme *šarru, mâtu, âlu* babylonisch oder mitannisch, oder noch auf manche andere Weise
an und für sich gelesen werden können.   Doch ist folgendes
zu beachten : Wenn die Hieroglyphenzeichen im Centrum des
"boss" nur von den eigentlichen Hethitern [1] gebraucht sein
sollten (was ich nicht glaube, da die "hethitischen" Inschriften
über ein sehr ausgedehntes Territorium zerstreut gefunden
werden), so wäre es sehr wohl denkbar, dass ein hethitischer
Fürst, welcher irgendwie auf den Thron von Mitanni gekommen
war, in der Mitte der Silberplatte seine eigene Schrift und
Sprache (also "hethitisch"), dagegen am Rande die Sprache
und Schrift seiner mitannischen Unterthanen gebraucht hätte,
d. h. entweder babylonische oder mitannische Sprache in Keilschrift nach dem Befunde der el Amarna Tafeln.   Jedenfalls
würde daraus sich ergeben, dass die keilschriftliche Legende
nur in babylonischer oder mitannischer Sprache abgefasst sein
könnte, da nicht einzusehen wäre, warum er die Inschrift sollte
dreimal in derselben Sprache, aber in zwei verschiedenen
Schriftgattungen, oder gar in einer ihm fernliegenden anderen
Sprache haben anfertigen lassen.   Indessen das naheliegendste
ist doch anzunehmen, dass die Sprache der sogenannten "hethitischen" Zeichen im Centrum des "boss" mitannisch, d. h.
die Sprache des Landes, über das Tarkūdim(m)e regiert, und
dass wegen des eben angeführten Grundes die Sprache der
Keilschrift babylonisch ist.   Für die letztere spricht auch noch
weiter   .   .
    1. dass die Stellung "König des Landes" die der
bekannten babylonischen Genitivconstruction ist, während
aus dem Mitanni-Briefe hervorzugehen scheint, dass, wie
im Hethitischen, so im Mitannischen die gewöhnliche

[1] Der Ausdruck umfasst ja gewöhnlich so ziemlich alles was man in Kleinasien anderweitig nicht unterbringen kann!

Ausdrucksweise des Genitivverhältnisses "des Landes König" war (cf. auch Jensen, Z. A. V, p. 192).

2. Die für *k* im Babylonischen verwendeten Zeichen kommen in dem uns vorliegenden langen Briefe der Mitanni-Sprache nicht vor, wurden also offenbar nicht verwandt, weil das Mitannische diesen Consonanten nicht besass (cf. auch Jensen, Z. A. V, p. 176). In der keilschriftlichen Legende unseres "boss" findet sich nun aber das Zeichen *ku*. Das dürfte darauf hindeuten, dass die Sprache der Keilschrift nicht das Mitannische, sondern eben das Babylonische ist.

Die babylonische Endung *u* oder *i* im Landesnamen wurde natürlich dann deswegen ausgelassen, weil derselbe eine wörtliche Transscription der Mitannischen Aussprache sein sollte.

Gar mancherlei liesse sich, nachdem ich nachgewiesen zu haben glaube, dass die vielbehandelte Silberplatte dem "Tarkúdime, König von Mitán(i)" angehört, über die daraus sich ergebenden Resultate [1] beibringen. "Man möchte immer allzugerne über die Mauer hinausblicken, die unserem menschlichen Erkenntnisvermögen vorgebaut ist" (Jensen, Z. A. VI, p. 68). Obwohl ich persönlich überzeugt bin, dass die meisten der von Sayce (T. S. B. A. VII, p. 252), Hommel (Z. K. I; *Geschichte Babyl. und Assyr.; Archiv für Anthr.* vol. XIX) und de Lantsheere (*l. c.* p. 95) [2] aufgezählten Völkerschaften unter einander verwandt waren, jedenfalls in Sprache und Religion sich auf das engste berührten, und obgleich ich mit Jensen fest glaube, dass Hethitisch wie Mitannisch mit dem "Altarmenischen" grammatisch wie lexikalisch zusammengehören,[3] und obwohl ich es nicht unwahrscheinlich halte, dass sogar das

---

[1] Welche in erster Linie sich gegen Müller's (*Asien und Europa*, pp. 288, 290) mit so grosser Zuversicht vorgetragene Theorie richten müssten. Jeder kann sich aber selbst die Consequenzen ziehen, wie er sie für wahrscheinlich oder richtig hält.

[2] Cf. auch Jensen, Z. A. VI, p. 59, p. 68 f.

[3] Cf. auch schon Hommel, *Archiv für Anthr.* vol. XIX.

Kassitische [1] dieser Sprachgruppe näher steht, als wir jetzt anzunehmen geneigt sind, ja eventuell die Hyksos [2] den am weitesten nach Südwesten vorgeschobenen Posten dieser im zweiten
Jahrtausend vorwärts drängenden Völkergruppe repräsentieren,
so enthalte ich mich doch billig jedes Versuches, die uns zur Zeit
entgegenstehende Mauer mit zweifelhaften Beweisgründen zu
überspringen, da ich vorziehe, festen Grund unter meinen
Füssen zu behalten. Aus demselben Grunde stehe ich auch
von einem Versuche ab, die "hethitische" Legende im Cen-

[1] Cf. Illprecht, Z. A. VII, pp. 316-317, und vorher schon (was mir entgangen
war) Hommel in Z. A. I und Geschichte. Die beiden Citate verdanke ich Hommel's freundlicher Mitteilung.

[2] Trotzdem wir nunmehr den ersten nichtaegyptischen Namen eines Hyksoskönigs kennen, ist die Frage nach Nationalität und Sprache der Hyksos noch immer
nicht zu beantworten. Prof. Max Müller teilte mir über die Aussprache des fraglichen Namens folgendes mit : " Der auf drei Denkmälern nachgewiesene Name
Heyan ist bis jetzt der einzige sicher unaegyptische Name eines Hyksoskönigs.
Wenn man von den heillos corrumpierten und darum für "semitisch" erklärten
Namen bei Manetho absieht — übrigens käme nur Salatis, das Salit "Herrscher"
sein soll, in Betracht — so liegen sonst nur aegyptische Königsnamen vor. Zur
Lesung ist zu bemerken, dass die Consonanten absolut sicher sind. Bei den Vocalen
ist nach den von mir unlängst auseinander gesetzten Regeln für die "syllabische
Orthographie" es (ausnahmsweise) m ö g l i c h, dass der dem ḫ folgende Vocal ein
i (î) wäre, die nächstliegende Lesung ist jedoch ein kurzes e. Die Bezeichnung des
zweiten Vocales ist ungewöhnlich und deutet wohl dessen Länge an." Das
nächstliegende wäre vielleicht, den Namen Heyan für semitisch zu halten = Haj-
janu, welch letzterer, wie auch Jensen mir sehr richtig brieflich bemerkt,
Aramäisch-Arabisch-Assyro-Babylonisch ist. Die Hyksos könnten also darnach
etwa Araber gewesen sein. Dagegen spricht mir aber vor der Hand zu viel, als
dass ich mich zu dieser Ansicht bekehren könnte. Das aegyptische Heyan deckt
sich offenbar genau mit dem "Hajân (Sohne des Gabbar), am Fusse des Hamani
Gebirges," welcher in Verbindung mit Patin, Gargumish und Kumuḫ, also zur
"hethitischen" Gruppe gehörig, auf Salmanassar's II Monolith (II, 24) als Tri-
butzahler des Assyrerkönigs erwähnt wird. Hält man diesen Hajân (auch im
Hinblick auf dessen scheinbar gut semitischen Vatersnamen Gabbar) für semitisch, etwa für aramäisch, so wird man auch den Hyksos-Namen für semitisch
erklären müssen. Hält man aber diesen Anklang an semitisches Sprachgut in
Verbindung mit anderen Gründen nur für zufällig, so wird man darin einen neuen
Beweisgrund finden, dass die Hyksos zur "hethitischen" Völkergruppe gehörten,
was von verschiedenen Seiten mehr oder minder zaghaft ausgesprochen worden ist.

trum des "boss" schon jetzt zu analysieren. Da mein werter
Freund Jensen, dessen Entzifferungsversuch der Hethitischen
Inschriften ich von Anfang an als im grossen und ganzen
gelungen begrüsst habe, wohl zur Zeit am ehesten im Stande
sein dürfte, die "Hethitische" Legende des "boss" zu übersetzen, überlasse ich es einstweilen ihm, vom Standpunkte des
Hethitologen aus zu prüfen, was für oder gegen meine Interpretation der keilschriftlichen Legende spricht. Von assyrio-
logischem Standpunkte aus dürfte vor der Hand das Wesent-
lichste zur Lösung der Frage durch meine Herren Vorgänger
und durch die vorstehende kleine Nachlese, welche mit palaeographischen Thatsachen zu rechnen sucht, erbracht sein.

Die Ächtheit des eben behandelten Silberbuckels Königs
Tarkondemos steht über alle Zweifel sicher. Doch kann ich
mir im Anschluss hieran nicht versagen, öffentlich darauf aufmerksam zu machen, dass seit ganz kurzem auch die Fabrica-
tion von "hethitischen" Antiquitäten in Stein und Bronze mit
Erfolg betrieben wird. Während meines letztjährigen Aufenthaltes im Osten wurden mir drei sauber gearbeitete "hethitische" Objecte, welche dem Unternehmungsgeist und dem
archaeologischen Verständniss der Fälscher alle Ehre machen,
zum Kauf angeboten oder von "reingefallenen" Privatbesitzern
zur Beurteilung vorgelegt. Da ich sehr bald einen kleinen
Beitrag zur Fälscherei keilschriftlicher und hethitischer
Schriftdenkmäler zu liefern gedenke, will ich mich hier kurz
fassen. In den Jahren 1888-1889 wurden mir während meines
Aufenthaltes in Babylonien und Syrien nicht weniger als etwas
über 2200 gefälschte keilschriftliche Thontafeln, etwa dreissig
sogenannte "babylonische" Siegelcylinder und nahezu fünfzig
unächte babylonische Vasen und Steinreliefs mit keilschriftlichen Legenden zum Kauf angeboten. Wenn ich den ge-
spannt aufhorchenden arabischen Händlern unter Lachen das
vielsagende "kelb" zur Antwort gab, leugneten sie gewöhnlich
eine Zeitlang und beteuerten in der impressiven orientalischen

Art die Ächtheit der vorgelegten Stücke. Dann aber ent-
spann sich meist ein so "herzlicher" Gedankenaustausch
zwischen uns, dass sie mir in aller Naivetät gestanden, wie viel
Piaster sie in das Geschäft gesteckt und mich mit einer benei-
denswerten Biederkeit und Vertraulichkeit baten, als stiller
Compagnon mit halbem Gewinnanteil in das " Geschäft" zu treten, unter der "einzigen" Bedingung, dass ich meinen "Freun-
den die Ächtheit ihrer *antika* überzeugend demonstrierte."
Solche Offerten wurden mir in Aleppo, Dêr (oberhalb des
Chabûr, am Euphrat) und in grossartigem Maassstabe in Bagdâd gemacht. Mit gemischten Gefühlen betrachtete ich eine
Anzahl meiner alten babylonischen Bekannten von Bagdâd
mehrere Jahre später in den Bazaaren von Constantinopel.
Ein Beispiel solcher modernen "Hethitica" habe ich auf Tafel
2 und 3 der beigefügten Illustrationen mitgeteilt. Tafel 2 ist
die Vorderseite und 3 die Rückseite einer gefälschten "hethitischen " Bronzeplatte (etwa zwei ein halbmal[6] reduciert), welche
sich im Privatbesitz eines Herrn J. Badetti in Constantinopel befindet. Derselbe gestattete mir freundlichst, da er selbst noch
nicht recht von der Unächtheit dieses Prachtexemplares überzeugt ist, dasselbe öffentlich zu besprechen. Auf der Vorderseite befindet sich in erhabener Schrift — also allen Anforde-
rungen der Neuzeit entsprechend — eine schöne "hethitische"
Legende, begleitet von der aus anderen ächten Denkmälern
kekannten bildlichen Darstellung, welche hier noch um einen
Opferstier vermehrt ist.' Auf der Rückseite befindet sich eine
aegyptische Scene, ebenfalls in "erhabener" Ausführung.
Meines Wissens hat die Platte drei verschiedenen Assyriologen
ausser mir zur Prüfung vorgelegen, von denen nur einer mit
Entschiedenheit die Ächtheit des Stückes (nach den mir vom
Besitzer gemachten mündlichen Mitteilungen) in Frage zog.
Für mich ist die Platte schon aus rein archaeologischen Gründen,

---

[6] Die Platte ist 43 Centimeter lang, 30 Cm. breit, 1 Cm. dick. Sie wurde
angeblich von Syrien vor etwa 4 Jahren gesandt.

die ich absichtlich einstweilen zurückhalte, um andere in ihrem
Urteil nicht zu beeinflussen, eine ziemlich grobe Fälschung.
Auf Wunsch bin ich gern bereit, den Fachgenossen nähere
Auskunft darüber zu erteilen.

Erster Nachtrag.

Durch Prof. Jensen's Freundlichkeit hatte ich am 19. Juni
dieses Jahres in Marburg Gelegenheit, einen in dessen Besitz
befindlichen Gypsabdruck des im Brit. Museum aufbewahrten
Facsimile (cf. oben p. 109, Anmerk. 1) einzusehen. Dadurch
bin ich in die Lage versetzt, Sayce's Urteil betreffs der getreuen
Wiedergabe der Keilschriftzeichen auf der Zeichnung des
"boss of Tarkondemos" und meine zum Teil darauf gegründete
Interpretation der Legende selbst auf ihre Richtigkeit nachzu-
prüfen. Gern hätte ich auch noch persönlich die genaue Form
des Zeichens *tan* in *Michaux*, col. IV, 16 collationiert. Aber
da ich wegen meiner Orientreise eine Fahrt nach Paris auf-.
geben musste, wandte ich mich am 23. Juni an den allezeit
bereitwilligen Curator des Louvre, Monsieur L. Heuzey.
Leider kann ich jedoch in meinem jetzigen Aufenthaltsorte die
Antwort auf meine Anfrage wegen des betreffenden Zeichens
nicht abwarten, ohne das, durch den Verlust einiger mir
aus Amerika nachgesandter Druckbogen ohnehin verzögerte
Erscheinen der vorliegenden Schrift noch weiter hinauszu-
schieben. Ich sehe jedoch um so weniger einen Grund, an der
Richtigkeit der in 1 R. gegebenen eigentümlichen Form zu
zweifeln, als sich dieselbe auch in Amiaud et Méchineau,
Tableau comparé, no. 65 genau so findet. Und es ist nicht
wohl anzunehmen, dass ein so sorgfältiger Arbeiter wie Amiaud
diese seltene Form in seiner Liste publiciert haben würde,
ohne sich von deren Richtigkeit durch Einblick des in seiner
Nähe befindlichen Originales persönlich zuvor überzeugt zu

haben. Sollte aber gleichwohl das Zeichen nicht in der von
R. und Amiaud gegebenen Form auf dem Originale stehen,
sondern der mittlere horizontale Keil, vertical wie gewöhnlich,
geschrieben sein, so sähe ich auch dann keine Veranlassung,
meine Interpretation zurückzuziehen. Es wäre einfach das
Citat aus dem *Michaux*-Steine zu streichen. Im übrigen aber
bleibt die Richtigkeit meiner oben p. 124 nachgewiesenen
Erscheinung der Umlegung eines verticalen Keiles in die
horizontale Lage bestehen, und die darauf gegründete Identification des fraglichen letzten Zeichens als *tan* wäre demgemäss
in keiner Weise alteriert.

CESSE, KLEINASIEN,
  Anfangs August 1894.

Zweiter Nachtrag.

Nachdem Herr L. Heuzey, wie ich erst jetzt erfahre,
bereits Ende Juni auf telegraphischem Wege seine Ansicht
über das Zeichen "*kal, tan*" in *Michaux*, col. IV, 16 nach
meiner damaligen Adresse in Marseille gesandt hatte, war
derselbe so liebenswürdig, sobald er erfahren, dass sein Tele-
gramm nie in meinen Besitz gelangt war, mir am 7. August
von Paris aus unter anderem die folgende genaue Form des
Keilschriftzeichens brieflich mitzuteilen :

Indem ich Herrn Heuzey für die wiederholentliche Mühe
und seine eingehende Beschreibung des Zeichens hier meinen
wärmsten Dank ausspreche, bemerke ich im einzelnen :

  1. Das obige Zeichen ist genau so wiedergegeben, wie
Herr Heuzey es mir mitgeteilt hat. Um Ungenauigkeiten

zu vermeiden, habe ich seine eigene Zeichnung des Keilschriftzeichens in die Druckerei gesandt.

2. Die unebene dünne Linie, welche den unteren horizontalen Keil zu durchschneiden scheint, ist nach Herrn
Heuzey's eigenen Worten "à peine visible et peut être
contestée." Jedenfalls ist soviel sicher, dass sie nicht, ohne
dem Zeichen Gewalt anzuthun, als perpendiculärer Strich
(nach Art der rechts davon stehenden Keile), zu dem das
zwischen den beiden horizontalen Parallelkeilen stehende
Stück als Kopf gehört, angesehen werden kann. Sie wird
nur eine Schramme, eine Unebenheit des Steines sein.
Ist doch ein perpendiculärer Keil hier auch um dessentwillen schon ausgeschlossen, weil die obere Linie des
fraglichen Keiles nicht mit den oberen Linien der folgenden zwei perpendiculären Keile parallel läuft, sondern
im Gegenteil, gehörig verlängert, die obere Linie des
zweiten derselben schneiden würde.

3. Man könnte auf den Gedanken kommen, dass der
ganze sogenannte Keil nur eine Schramme, ein Zufall, ist,
da sich ja bekanntlich im Babylonischen wie im Assyrischen
unser Zeichen "kal, tan" gelegentlich nur mit 5 Keilen
geschrieben findet (cf. Amiaud et Méchineau, l. c., no. 65),
so dass es fast oder ganz mit dem neobabylonischen Zeichen
für "e" zusammenfällt. Allein dafür ist das Ding denn
doch ein zu ausgeprägter und deutlicher Keil. In demselben kann meines Erachtens nur ein schräger Keil,
dessen Kopf links nach unten zu, und dessen Stil rechts
nach oben hin geneigt ist, erkannt werden.

4. Dieser Keil kann dann aber niemals als ein verun-
glückter perpendiculärer, sondern nur als ein ungenau
gemachter horizontaler angesehen werden, dessen genaue
Form eben auf dem "boss of Tarkondemos" sich findet.

5. Dass dieses Zeichen aber nur "kal, tan" sein kann,
wird einmal durch den Lautwert, welchen es in der

Michaux-Stelle hat, zum anderen durch die von mir oben nachgewiesene Thatsache des vielfachen Umlegens ursprünglich verticaler Keile in eine horizontale Lage erwiesen.

6. Auch sonst finden sich oft Keile, welche genau genommen horizontal liegen sollten, daneben in schräger (abwärts oder aufwärts gehender) Lage (cf. Amiaud et Méchineau, *l. c.*, linke Columne, zweites Zeichen). Einen leisen Ansatz dazu sehen wir z. B. in dem oberen und. unteren horizontalen Keile des Zeichens *âlu* auf dem "boss of Tarkondemos." Hunderte von anderen Beispielen wird man in den genauen Textausgaben unseres Expeditionswerkes im Laufe der Zeit nachschlagen können.

7. Ich stimme daher vollkommen mit dem Herausgeber von *I. R.* und Amiaud et Méchineau, *l. c.* hinsichtlich der Interpretation des fraglichen Zeichens auf dem Michaux-Steine überein, wenngleich ich bedauere, dass jene Herren das Original in ihren Büchern an dieser Stelle nicht genau reproduciert haben.

CONSTANTINOPEL,
21. August, 1894.

www.ingramcontent.com/pod-product-compliance
Lightning Source LLC
Chambersburg PA
CBHW030604270326
41927CB00007B/1036